J'ai exécuté un chien de l'enfer

Vous pouvez consulter notre catalogue général
et l'annonce de nos prochaines parutions sur notre site :
www.cherche-midi.com

92, avenue de France
75013 Paris

Conception graphique : Justine Dupré
Composition : Peter Vogelpoel
Dépôt légal : octobre 2021
ISBN 978-2-7491-7205-7

DAVID DI NOTA

J'ai exécuté un chien de l'enfer

Rapport sur l'assassinat de Samuel Paty

le cherche midi

DU MÊME AUTEUR

AUX ÉDITIONS GALLIMARD

Festivité locale

Apologie du plaisir absolu

Quelque chose de très simple

Traité des élégances, I

Projet pour une révolution à Paris

J'ai épousé un Casque bleu, suivi de *Sur la guerre*

Bambipark, suivi de *Têtes subtiles et tête coupées*

Ta femme me trompe

AUX ÉDITIONS
THIERRY MARCHAISSE

Lettres à Shakespeare (org. Dominique Goy-Blanquet)

à Olivia

What happened ? Why did it happen ?
How could it have happened ?

Hannah Arendt

Avant-propos

Le 16 octobre 2020, un professeur d'histoire-géographie mourait assassiné à quelque trois cents mètres de son école. Dénoncé sur les réseaux sociaux pour un crime islamophobe imaginaire, désigné à l'assassin par des élèves transformés en indicateurs, l'enseignant mourra seul, sur le trottoir, poignardé puis décapité par un djihadiste d'origine tchétchène, Abdoullakh Anzorov. L'enquête personnelle que le lecteur tient entre ses mains entend restituer cet événement en suivant les acteurs à la trace. Autant préciser d'entrée de jeu qu'il ne saurait être question pour moi de traquer des coupables au sens juridique du terme. Le mieux est de les considérer comme les *personnages* d'une comédie politique où tout est vrai.

Ce livre est le récit d'un assassinat, la chronique d'une institution, et, sans doute aussi, le portrait en creux d'une certaine époque. Afin de mener à bien cette enquête, et plutôt que d'accuser des personnes, j'ai souhaité formuler les impasses cognitives et les paradoxes administratifs que la sociologie spontanée des acteurs et les coups de menton du gouvernement français ne permettent pas de comprendre. Mon but était de décrire un dispositif étrange, à la fois bienveillant et meurtrier, dont les principaux instigateurs n'ont aucun intérêt à dévoiler la cruauté intrinsèque. Le lecteur trouvera de nombreuses allusions à Kafka dans ce rapport, un conseiller plus sûr que les deux enquêteurs envoyés sur les lieux par une institution à la fois juge et partie.

« On avait sûrement calomnié Joseph K., car, sans avoir rien fait de mal[1]*... »*

Le très mauvais procès que l'on s'apprête à lire aurait pu emprunter au roman de Kafka son fameux *incipit*, et même le déroulé de ses principaux incidents. Comprendre comment un individu se trouve isolé et finalement pointé du doigt par l'administration dont il relève constitue certainement la meilleure introduction à ce phénomène peu étudié :

---

1. Franz Kafka, *Le Procès*, 1925.

non pas le « vivre ensemble », mais le *mourir seul.* Il n'aura pas échappé au lecteur que Joseph K. trouve la mort, d'une façon d'ailleurs fort logique, sous la lame d'un couteau de boucher. C'est cette logique que j'ai essayé de cerner au plus près.

Londres, avril 2021

I
HISTOIRE DE LA VIOLENCE

1
« Sale pute »

Avant de retracer cet assassinat, peut-être ne sera-t-il pas inutile de donner au lecteur un bref aperçu du milieu éducatif. Le crime de Conflans-Sainte-Honorine appartient à un genre singulier – le crime *institutionnel* –, ce qui suppose que nous portions un intérêt particulier à ce que l'on nomme une institution. Étant donné le caractère rébarbatif de ce genre d'entreprise sociologique, le mieux est de partir d'un détail et, mieux encore, d'une anomalie : alors que le cancre ou le sauvageon étaient traditionnellement les sujets dont on devait mater le comportement, tout se passe désormais comme si le professeur était le fautif potentiel qu'il était très important de garder à l'œil. Non seulement le comportement possiblement fesseur fait l'objet d'un contrôle hiérarchique plus méticuleux, mais l'élève est encouragé à ndre toute sa part dans ce nouveau jeu disciplinaire. Faut-il en conclure à l'ensauvagement du corps enseignant, à une hostilité chaque fois plus sourde et plus violente des professeurs envers leurs élèves ?

Il est frappant d'observer que ce qui serait passé pour un truisme au sein du paradigme disciplinaire précédent (les élèves sont susceptibles d'insubordination, tâchons de les rappeler à l'ordre) relève aujourd'hui du secret. Non seulement le professeur hésite à *témoigner* des agressions qu'il subit, mais il n'est nullement assuré de trouver un appui auprès de sa hiérarchie : le règlement heureux du problème relève du cas par cas et, plus encore, de la chance. Pour résumer cette nouvelle donne en peu de mots, tout se passe désormais comme si le professeur agressé ou, le plus souvent, la professeure se retrouvait seule – à l'instar d'une victime de viol qui aurait à prouver non seulement que les faits se sont bien déroulés comme elle le prétend, mais qu'elle n'est pas en train de salir indûment la réputation de son agresseur. Le cas d'une enseignante qui se ferait traiter de « sale pute » (situation nullement spéculative) est, de ce point de vue, particulièrement probant. Ce qui, dans le registre de la vie courante, passerait pour une agression évidente, fait au sein de l'institution éducative l'objet d'une déconstruction quasi socratique : l'élève a-t-il bien prononcé ce terme et, si oui, que signifie-t-il ?

On serait tenté de penser qu'un professeur lardé de sept coups de couteau par un élève recevrait l'appui immédiat et sans équivoque de sa hiérarchie : ce serait pourtant une erreur, comme le cas de Karen Montet-Toutain nous en fournit l'illustration[1]. Non seulement l'enseignante aura signalé en vain le harcèlement dont elle faisait l'objet, mais il lui faudra se battre, après cette agression, pour remonter l'arbre des causes et comprendre les raisons d'une telle négligence administrative. Qu'il me soit permis de citer ici les mots ambivalents de l'inspecteur académique chargé du dossier – mots qui résument bien mieux qu'une longue analyse sociologique la solitude de l'enseignant confronté à sa hiérarchie : *« Je vous souhaite beaucoup de courage. »*

---

1. Agression survenue dans la classe, le 16 décembre 2005, au lycée Louis-Blériot d'Étampes.

2
L'école de la confiance

Le phénomène « #PasDeVague[1] » est là pour témoigner de cette nouvelle donne : non seulement les rapports se sont inversés, mais il est presque impossible de le dire. Souvent accompagnés d'une note explicative ou d'une mise en accusation directe, les suicides constituent certainement l'extrême pointe de la protestation, encore que ces suicides *militants* passent souvent inaperçus. Si le suicide de Christine Renon n'a pas eu l'heur de connaître un retentissement réel, si le dernier message de Pierre Jacque est resté lettre morte, c'est

1. Hashtag créé par des professeurs afin de dénoncer l'attitude de leur hiérarchie face à l'augmentation dramatique et systématique des violences.

bien que l'administration aura su déjouer ses accusations d'une main très sûre – administration dont on serait presque tenté de saluer, à l'orée de cette enquête, la finesse et le professionnalisme.

L'administration scolaire n'est pourtant pas constituée de pervers, ni de monstres, et peut-être même ne fait-elle qu'obéir à sa propre doctrine. Afin d'illustrer ce point, j'aimerais attirer l'attention du lecteur sur l'article 1 de la loi pour une école de la confiance (loi promulguée le 26 juillet 2019) – lequel stipule étrangement la chose suivante : *« L'engagement et l'exemplarité des personnels de l'Éducation nationale confortent leur autorité dans la classe et l'établissement et contribuent au lien de confiance qui doit unir les élèves et leur famille au service public de l'éducation. »* L'article précise que ce lien *« implique également le respect des élèves et de leurs familles à l'égard de l'institution scolaire et de l'ensemble de ses personnels »*. L'interaction éducative devrait donc être instituée sous la forme d'un partenariat, chaque terme ayant un droit *égal* à contrôler, pour ainsi dire, l'exemplarité de l'autre. C'est ce que le rédacteur appelle – sans doute avec le sentiment sincère d'œuvrer pour le bien de tous – un contrat de *confiance*.

Pour mettre au jour l'étrangeté d'un tel dispositif, sans doute n'est-il pas inutile de poser la question ainsi : en quoi l'enseignement de *Bérénice* est-il conditionné par la *confiance* qu'un élève veut bien accorder à son professeur ? On dira que cet article a surtout pour but de rappeler au professeur qu'il est impératif de se comporter correctement envers un élève, mais ce danger est-il à ce point prégnant qu'il faille le placer en tête de ce que les pédagogues appellent une « école » ? Aussi bien, peut-on penser la relation d'autorité sous la forme d'une relation donnant-donnant qui conditionnerait le respect dû au professeur à l'appréciation de l'élève, ou de sa famille ? Afin de déjouer les faux-semblants d'un égalitarisme aussi fallacieux, prenons un exemple. Supposons qu'un professeur se plaigne d'avoir été insulté par un élève et que, dans le même temps, l'élève se plaigne d'avoir été insulté par le professeur. Si l'élève risque tout au plus une exclusion de quelques jours, le professeur, lui, verra sa carrière gravement compromise. En conditionnant la transmission des savoirs à l'exemplarité du professeur, en plaçant ce dernier sous le regard potentiellement accusateur de l'élève, l'école de la « confiance » entérine, mais sans le dire, et tout en feignant de lutter contre, une relation asymétrique dont l'enseignant ne pourra sortir que très exceptionnellement gagnant.

3
L'égratignure

Cette asymétrie est encore renforcée par le troisième terme de l'équation : le parent d'élève. Qu'on me permette d'éviter les généralités et de prendre, là encore, un exemple. Le 24 mars 2019, une mère découvre que le dos de son fils de 6 ans porte une trace de griffure. Persuadée de tenir le responsable en la personne du professeur, celle-ci se rend directement au commissariat de police – situation d'autant plus intéressante que la faute initiale, autrement dit l'origine de la griffure (l'enseignant a-t-il poussé l'élève brutalement, ou l'enfant a-t-il glissé sur les marches ?) se joue parole contre parole.

Immédiatement accusé par sa hiérarchie de « violence aggravée », l'instituteur se suicidera trois jours plus tard. Mais le plus étrange est la réaction – ou plutôt le raisonnement – du parent d'élève. *« C'est un rappel à l'ordre*, déclarera celle-ci à la presse. *On demande aux enfants de bien se tenir. Donc les professeurs doivent bien se tenir. »* Le lecteur aura noté l'homologie parfaite entre ce mode de raisonnement et l'article 1 de l'école dite de la *confiance*. Considérer qu'un enseignant « n'a qu'à bien se tenir », ce n'est pas se livrer à un propos délirant : c'est appliquer cette doctrine à la lettre.

Vu de loin, ou médiatiquement, l'assassinat de Samuel Paty ne semble avoir aucun rapport avec cette égratignure. Et pourtant, le dispositif institutionnel est rigoureusement identique. L'école de la confiance met en place un type de chantage dans lequel les parents d'élèves occupent une place centrale. Contrairement aux apparences, cette place n'est pas le fruit d'un coup de force qui aurait permis aux parents de devenir de plus en plus envahissants. Elle n'est que la mise en application d'une doctrine officielle dont le citoyen découvre un beau jour, dans un mélange d'incompréhension et d'effroi, le résultat.

4
L'appel du 6 octobre

L'assassinat que je me propose de décrire commence par un appel téléphonique. Il débute en région parisienne, à Conflans-Sainte-Honorine, localité charmante et même cossue de la banlieue parisienne. Le 6 octobre 2020, une mère appelle la principale du collège, persuadée que les élèves de confession musulmane ont fait l'objet d'un traitement raciste de la part d'un professeur d'histoire-géographie : Samuel Paty. Sommé de s'excuser au plus vite, ce dernier s'exécutera de bon cœur, et il est intéressant de constater que de telles excuses sont intervenues avant même que la rumeur n'ait eu le temps de révéler son inconsistance[1].

1. Kafka dirait « la calomnie ».

Même si la bonne foi de la principale n'est pas en cause, on voit clairement comment la présomption de culpabilité joue en défaveur du professeur, puisque c'est à lui, et à lui seul, de faire acte de contrition. L'enseignant ayant précipitamment clarifié la situation par téléphone (non, il n'a jamais été question d'exclure des musulmans de la classe ; ne sont sortis que *ceux qui le souhaitaient*), le parent d'élève semble avoir obtenu satisfaction, de sorte que, durant un laps de temps d'environ vingt-quatre heures, le professeur et sa principale peuvent se dire conjointement que tout est revenu à ce que d'aucuns nommeraient la normale.

Fragile comme sont fragiles toutes les croyances auxquelles on veut croire, l'harmonie se fissure lorsqu'un appel anonyme menace à nouveau le collège de représailles. « Qu'avez-vous donc contre les musulmans ? » interroge une voix anonyme. L'accusation déclenche une vive altercation – par messages électroniques interposés – au sein de l'équipe enseignante. Au cours de cet échange, deux collègues se désolidarisent du fautif supposé, et il est particulièrement instructif d'observer comment.

Une première enseignante écrit ceci :

« *Cette situation altère* le lien de confiance [c'est moi qui souligne] *que nous essayons de renforcer chaque jour avec les familles qui ont choisi l'école publique pour nos enfants, et, au vu du contexte dans lequel elle s'inscrit, met en danger l'ensemble de la communauté du collège. »*

Déclaration qui tend naturellement à suggérer que Samuel Paty aurait commis une faute grave au regard de ladite communauté. Il n'en va pas différemment avec le deuxième collègue :

« Non seulement notre collègue a desservi la cause de la liberté d'expression, il a donné des arguments à des islamistes et il a travaillé contre la laïcité en lui donnant l'aspect de l'intolérance, mais il a aussi commis un acte de discrimination : on ne met pas des élèves dehors, quelle que soit la manière, parce qu'ils pratiquent telle ou telle religion ou parce qu'ils ont telles ou telles origines, réelles ou supposées. Mon éthique m'interdit de me rendre complice de ce genre de choses. »

Je m'apprête à montrer comment, en superposant ce soupçon à la colère des parents, les acteurs parviendront à inventer de toutes pièces un crime islamophobe. Mais il m'importe de souligner ce détail : l'assassinat de Samuel Paty ne met pas en exergue la cruauté du racisme lorsque ce dernier se trouve dénié par les acteurs institutionnels, mais les ravages de la suspicion en l'absence de racistes. Si dénégation il y a, celle-ci ne porte pas sur une forme insidieuse d'islamophobie touchant le corps professoral de manière cryptique, mais sur le rôle de l'antiracisme dans la propagation d'une rumeur infondée. De même que la rumeur s'effectuera sur la base d'un mensonge, la division au sein de l'équipe enseignante s'effectuera sur la base d'une méprise, et il est très intéressant de remarquer que cette méprise est opérée, non par le raciste, mais *par l'antiraciste lui-même.*

5
La plaisanterie

L'enseignant a donc reconnu son erreur, ou plutôt présenté ses excuses, ce qui n'est pas la même chose. De tels aveux s'inscrivent dans la longue tradition des accommodements raisonnables qui commandent à l'enseignant de battre sa coulpe toutes les fois qu'il est accusé de quelque chose, et l'on peut sans mal reconstituer sa logique même : puisque l'idée d'une déficience personnelle a l'air d'arranger tout le monde, autant y avoir recours. Mais cette solution, évidemment conçue pour calmer les humeurs d'une communauté pédagogique en émoi, ne prouve en rien que Samuel Paty soit coupable. Comme dans tous les procès où l'innocent doit s'accuser d'une faute qu'il n'a pas commise, un tel aveu n'établit aucunement la culpabilité de l'accusé : elle nous prouve simplement que l'ensemble des acteurs – collègues, supérieurs et parents d'élèves tous ensemble – y trouvent leur intérêt.

Le cours de Samuel Paty portait sur la liberté d'expression, et les commentaires ultérieurs ne manqueront pas de poser la question en ces termes : doit-on mieux enseigner la liberté d'expression et, si oui, comment ? Ce débat est sans doute intéressant, mais il ne doit pas nous conduire à négliger cet autre détail : c'est à l'invitation de la principale que l'enseignant aura présenté ses excuses. Quant aux menaces pesant sur le collège, celles-ci n'auront pas été suffisantes pour attirer l'attention sur le caractère fallacieux du reproche fait à l'enseignant. C'est pourquoi l'aveu initial s'accompagne d'une plaisanterie – qui est sans doute la dernière plaisanterie que Samuel Paty se soit autorisée avant sa mort. *« Je travaillerai l'année prochaine sur la liberté de la circulation ou, peut-être, sur la censure d'Internet en Chine »*, écrit-il. Effectivement, parvenu à ce degré de malentendu, autant parler de la liberté de circuler en Chine.

6
La visite de l'inspecteur

« C'est donc vous qui m'êtes envoyés ? », ironisera Joseph K. avant de présenter à ses bourreaux la question suivante : *« À quel théâtre jouez-vous ? » « Théâtre ?,* rétorquera aussitôt l'un d'eux – *quel théâtre ? »*

Le dispositif « Valeurs de la République » repose sur trois acteurs principaux : un conseil des sages constitué d'universitaires reconnus, une équipe chargée des signalements, et un inspecteur (dit aussi « référent laïcité ») rattaché à chacune des trente académies qui composent l'Éducation nationale. Cet inspecteur a pour mission d'épauler l'enseignant dans sa tâche toutes les fois qu'un incident se présente. Son but est d'apaiser la communauté éducative et de faire en sorte que les choses se passent mieux. Puisqu'on me demande de circuler comme s'il n'y avait rien à voir, je travaillerai l'année prochaine sur la liberté de circuler, plaisante Samuel Paty, et cette perspective est exactement celle de l'inspecteur. L'inspecteur serait très heureux que les visages se détendent, que la vie reprenne son cours normal, que les enseignants cessent de s'inquiéter et que les élèves retrouvent le chemin du savoir au lieu de colporter, comme il semblerait que ce soit le cas, une rumeur infondée.

« Si on devient un raciste, alors on ne peut plus rien dire, du coup », déclarera un élève à la presse après que cet assassinat eut attiré l'attention du monde entier. Mais l'avis de l'inspecteur est plus nuancé. Il pense que les choses ne sont pas aussi simples. Il pense que les torts doivent être détectés et distribués équitablement entre les différentes parties en présence. Il pense que la paix des collèges ne s'improvise pas et doit faire l'objet d'un rapport. Disons mieux : d'un savoir.

C'est le sens du courriel qu'il envoie à la principale d'établissement en vue de préparer la réunion du samedi 10 octobre 2020. *« L'exemple de notre collègue pourra être rapporté et étudié avec grand intérêt »*, écrit-il.

II
« L'ERREUR DE SAMUEL PATY »

La sentence ne vient pas
d'un seul coup, c'est la procédure
qui se change peu à peu en verdict.

Franz Kafka

7
Construction d'un incident (1)

« Non seulement notre collègue a desservi la cause de la liberté d'expression, il a donné des arguments à des islamistes et il a travaillé contre la laïcité en lui donnant l'aspect de l'intolérance, mais il a aussi commis un acte de discrimination : on ne met pas des élèves dehors, quelle que soit la manière, parce qu'ils pratiquent telle ou telle religion ou parce qu'ils ont telles ou telles origines, réelles ou supposées. Mon éthique m'interdit de me rendre complice de ce genre de choses. »

Ces mots ont dû résonner longtemps dans la tête de Samuel Paty. Ce dernier envoie un courriel à ses collègues le dimanche 11 octobre, très tard – aux alentours de 22 heures – afin de se défendre d'une telle accusation. Comment un collègue peut-il croire une chose pareille ? Pourquoi la principale a-t-elle besoin de rappeler l'équipe professorale au devoir de solidarité ? Pourquoi l'hypothèse la plus absurde – Paty sélectionnant les musulmans comme les Juifs sous l'Occupation, avant de planifier, qui sait, la prochaine rafle du Vél d'Hiv – est-elle *justement* celle dont l'enseignant doit se défendre ? Au cours des mois suivants, tous les acteurs soucieux de rendre hommage à sa mémoire éprouveront le besoin de minimiser ces dissensions, à commencer par le rectorat de Versailles, pour qui cet échange de courriels relèverait d'une simple discussion pédagogique. L'enseignant, lui, entend garder ces courriels *« à titre de preuves éventuelles »*, et évoque même la présence d'un huissier, comme pour défendre une tout autre version des faits et, pourrait-on dire, une tout autre mémoire.

Mais il faut aller plus loin, et relever un détail capital. *« Si je comprends bien, un individu menace de faire venir des musulmans devant le collège pour que leurs enfants (qui sont aussi je suppose musulmans) soient obligés de regarder les caricatures du prophète »*, écrit l'enseignant après que la principale l'eut informé des menaces – comme si cette mobilisation avait pour but de forcer les élèves à regarder le dessin en question, alors que c'est évidemment l'inverse qui est vrai. Cette inversion est en réalité tout à fait cohérente avec l'attitude d'un professeur qui est à mille lieues (*« qui sont aussi je suppose musulmans »*) de poser les problèmes en ces termes. Afin de mieux saisir ce point central, il faudrait comparer la démarche de Paty avec celle du professeur cité par Jean-Pierre Obin dans son étude sur la progression de l'islamisme au sein de l'Éducation nationale[1] :

« Nous sommes au surlendemain de l'attentat de Charlie Hebdo. *La situation met en scène une jeune professeure de français débutante dans un lycée de banlieue parisienne. Suivant les consignes ministérielles, elle a décidé d'aborder l'actualité brûlante avec ses élèves. Ses collègues l'ont mise en garde. Elle-même craint des protestations et des incidents de la part d'élèves d'origine maghrébine, nombreux dans sa classe de seconde. Elle a préparé une intervention sur la tolérance avec des extraits d'œuvres littéraires. Toutefois, afin de prévenir les contestations, elle croit bien faire en commençant par un prologue pour assurer à ses élèves qu'elle n'est pas islamophobe et qu'elle condamne l'islamophobie. »*

Cette profession de foi antiraciste à l'intention de la communauté musulmane est intéressante, car c'est justement ce que n'a pas fait Samuel Paty. *« À aucun moment je n'ai déclaré aux élèves : "Les musulmans, vous pouvez sortir car vous allez être choqués." Et je n'ai pas demandé aux élèves quels étaient ceux qui étaient de confession musulmane »*, précise l'enseignant lors de sa déposition du 13 octobre[2]. *« M. Paty*

---

1. Jean-Pierre Obin, *Comment on a laissé l'islamisme pénétrer l'école*, 2020, p. 73.

2. Signalons que les caricatures de *Charlie Hebdo* faisaient intégralement partie du matériel pédagogique officiel de l'Éducation nationale.

a montré la caricature du prophète mais il n'a pas montré les musulmans du doigt, il n'a forcé personne », dira une élève – précision essentielle, laquelle reste vraie, qu'il s'agisse du cours du 6 octobre ou du cours identique effectué la veille. L'hypothèse du collègue antiraciste, qui est également celle de la rumeur – l'hypothèse d'une exclusion sur des bases religieuses –, est donc à rejeter entièrement. *« Il a dit : "Vous pouvez sortir de la classe ou fermer les yeux." Puis il est allé chercher les quatre élèves qui étaient sortis et le cours a repris comme si de rien n'était. C'est ensuite que ça a fait parler sur Twitter et WhatsApp, Instagram et Snapchat. »* Quant à cette prévenance elle-même, elle s'explique par le caractère sexuel – *« trash »*, dira l'enseignant – du dessin. Le point le plus intéressant est que personne, sur le moment, ne s'est senti exclu (point confirmé par l'auxiliaire de vie présente sur les lieux au moment des faits), sans doute parce que Paty a su trouver les gestes et les mots justes pour ôter toute ambiguïté discriminatoire à cette proposition. Ce n'est que par la suite, et en vertu de leurs propres impératifs religieux, que des parents d'élèves transformeront cette prévenance en intention stigmatisante. Ce n'est qu'*a posteriori*, et en vertu de leur propre indignation, que *certains* musulmans s'autodésigneront comme les destinataires de cet « incident ».

8
Construction d'un incident (2)

Si maintenant nous nous intéressons au témoignage de l'élève qui n'était pas dans la classe au moment des faits – le témoignage de Z. – le cours se serait déroulé comme suit :

« On était en train de faire un cours sur l'islam, et mon prof il a dit : "Les musulmans, levez la main." Du coup, à ce moment-là, avec les copines de ma classe, on n'a pas compris. On s'est dit qu'on va lever la main. On a levé notre main, et hum... il a dit : "Là je vais montrer une image, vous allez être peut-être choqués, donc si vous voulez vous pouvez sortir du cours." Du coup on a dit qu'on mettait une main comme tout le monde, qu'on allait voir comme tout le monde la photo que

vous allez montrer. Du coup moi j'ai refusé de sortir du cours. Il a pris la photo du prophète Mohammed sans vêtements, et il nous l'a montrée comme ça. Du coup dans ma classe on a tous été choqués, même ceux qui n'étaient pas musulmans. Ils ont tous été choqués. »

J'aimerais attirer l'attention du lecteur sur cette dernière assertion – *« on a tous été choqués »* –, car elle jouera un très grand rôle dans l'erreur qui sera reprochée à Samuel Paty, non pas simplement par le collègue dont j'ai parlé, ni par les syndicats censés défendre l'enseignant, mais bien par l'inspecteur lui-même et l'ensemble de sa hiérarchie. Mais n'allons pas trop vite, et résumons la situation telle qu'elle se présente à nous à ce stade. Alors que, selon ce récit, certains élèves présents feront le choix de sortir, l'élève qui n'était pas dans la classe au moment des faits fera le choix, elle, de rester assise. Alors que les élèves présents feront état d'une absence d'incident, l'élève qui n'était pas dans la classe n'aura d'autre solution que d'être *choquée*. Tels sont les deux mensonges qu'un islamiste se targuera de recueillir lors d'un entretien réalisé sur place. J'ai évoqué les pressions exercées sur le collège (pressions exercées de manière anonyme), mais sans doute est-il temps de faire entrer un nouveau personnage assurément identifié : Abdelhakim Sefrioui.

9
M. Sefrioui va prendre froid

La vidéo est divisée en trois séquences de longueurs inégales. Au commencement, la caméra traîne au hasard à l'extérieur du collège. L'homme s'est déplacé à Conflans-Sainte-Honorine pour rencontrer la principale. *« Nous sommes devant le collège du Bois d'Aulne, à Conflans-Sainte-Honorine, là où l'abject a encore eu lieu »*, précise Sefrioui d'un ton calme.

C'est alors qu'apparaît l'élève qui n'était pas dans la classe au moment des faits – cadrée, non pas au niveau du visage, mais au niveau du torse –, élève dont on apercevra uniquement la veste molletonnée d'un bleu sombre.

« Salam Alaycom. *Désolé de te voir dans ces circonstances. Peux-tu nous raconter exactement ce qui s'est passé ?*

— On était en train de faire un cours sur l'islam, et mon prof il a dit : "Les musulmans, levez la main." Du coup, à ce moment-là, avec les copines de ma classe, on n'a pas compris. On s'est dit qu'on va lever la main. On a levé notre main, et hum... il a dit : "Là je vais montrer une image, vous allez être peut-être choqués, donc si vous voulez vous pouvez sortir du cours." Du coup on a dit qu'on mettait une main comme tout le monde, qu'on allait voir comme tout le monde la photo que vous allez montrer. Du coup moi j'ai refusé de sortir du cours. Il a pris la photo du prophète Mohammed... »

À ce mot, Sefrioui semble vouloir glisser une brève remarque, mais il se ravise, comme pour laisser parler celle qu'il appelle « *la petite* » Z.

« *... sans vêtements, et il nous l'a montré comme ça. Du coup dans ma classe on a tous été choqués, même ceux qui n'étaient pas musulmans. Ils ont tous été choqués. Du coup on a tous été choqués, et on est partis voir la principale.*

— Qu'est-ce que ça t'a fait ?

— Pour eux on n'est pas égal à eux, alors qu'on est humain comme eux. Comme je me suis exprimée, et euh... ben il s'est dit que je dérangeais son cours. Il m'a exclue de l'école deux jours. Moi déjà je suis choquée qu'on nous montre ça, un homme tout nu alors qu'on fait un cours d'histoire.

Il ne nous respecte pas, il ne nous voit pas comme les autres, en fait. »

Abdelhakim Sefrioui a donc choisi d'ouvrir les yeux de ses compatriotes sur les agissements d'un raciste couvert par son administration, et c'est pourquoi il a tourné cette petite vidéo de dix minutes dans l'espoir de rallier les hommes de bonne volonté à sa cause. Mais le combat n'est pas facile, car la principale ne vient pas et la pluie menace. À l'islamophobie dans l'Éducation nationale, il nous faut encore ajouter le caractère exécrable des conditions climatiques. M. Sefrioui a froid. Voilà quarante-cinq minutes qu'il attend.

10
L'appel du père

« Moi déjà je suis choquée qu'on nous montre un homme tout nu », précise l'élève, et c'est également le sentiment de son père, un homme chauve d'une cinquantaine d'années aux sourcils très épais, au regard mobile et au nez proéminent. La deuxième partie de la vidéo est constituée par l'appel de Brahim C. C'est cette séquence qui deviendra virale sur les réseaux sociaux. *« Cette histoire, c'est mon histoire, c'est l'histoire de ma fille »*, précise, pour sa part, le père, tandis qu'une lutte s'engage entre le récit des faits et son masque chirurgical – nous sommes en pleine crise de la Covid-19. (Le masque est d'abord positionné sur l'arête du nez, mais, par une sorte de glissement inévitable, finit au niveau des lèvres, découvrant ainsi la quasi-intégralité du visage.)

« Salam Alaycom *tout le monde. Voilà, j'ai décidé de faire cette vidéo pour vous dire en face que ma fille a été choquée suite au comportement de son prof. Je ne vais même plus employer ce mot "prof"* », déclare le parent d'élève, avant d'ajouter : *« Il s'est permis de leur dire : "Les élèves musulmans lèvent la main." Ils ont levé la main. Et il leur a dit : "Voilà, vous sortez." »*

« Mais où va la France ? » commentera un internaute après avoir écouté ce récit, et il est évident que cette question est également celle du père. *« Il leur a dit comme quoi il allait diffuser une photo qui allait les choquer. Certains élèves ils sont sortis, ma fille n'est pas sortie. Effectivement, il a montré un homme tout nu, en leur disant que c'est le Prophète. »*

Ici, Brahim C. marque une pause.

« Quel est le message qu'il a voulu faire passer à ces enfants ? Quelle est la haine ? Pourquoi cette haine ? »

Nouveau silence.

« À mon avis, il se comporte comme ça depuis plusieurs années. Je pense que vous êtes tous concernés. Je parle au nom de ma fille, mais vos enfants aussi, on leur fait la même chose dans la classe. Si vous voulez qu'on soit ensemble, et qu'on dise stop, touchez pas à nos enfants, envoyez-moi un message au 06 60 53 02 62. »

11
« Incroyable mais vrai »

À quel moment le nom de Samuel Paty est-il apparu en ligne pour la première fois ? Le 7 octobre 2020, à 21 h 28, Brahim C. publie sur Facebook le post suivant :

« Incroyable mais vrai et ça vous concerne tous et toutes. Ce matin le prof d'histoire de ma fille en 4e demande à toute la classe que tous les élèves musulmans de la classe lèvent la main. Ensuite il leur dit de sortir de la classe car il va diffuser une image qui va les choquer. Certains sortent et d'autres refusent dont ma fille. Ensuite ce professeur diffuse l'image de quelqu'un nu et leur dit que c'est le prophète des musulmans notre cher bien aimé prophète sala laho alayi wa Salm tout nu... C'est une

honte venant de la part d'un professeur qui apprend à nos/vos enfants l'histoire. Pour ma part je ne laisse pas passer, demain je vais aller voir le directeur car ma fille est exclue 2 jours du collège. Si vous n'êtes pas d'accord avec ça, vous pouvez écrire un courrier au directeur de l'école pour virer ce malade et je vous donne l'adresse. Il faut virer ce professeur d'histoire du collège. »

Un deuxième post se présente comme suit :

« Chers frères et sœurs. Cette histoire est vraie et est arrivée à ma fille. Soyons fiers de notre religion et de notre prophète sala laho alayhi wa Salm, qui nous a appris la religion Musulmane et surtout le bon comportement. Faites minimum un courrier au collège ou CCIF ou inspection académique ou ministre de l'éducation ou Président. Mais faites quelques choses. »

Enfin, un troisième message apparaît, dans lequel Brahim C. livre directement le patronyme et la localité du collège – *« avant de retirer ces éléments, une heure trente-six minutes plus tard »*, précisera le procureur.

Ces mêmes informations seront diffusées sur WhatsApp à l'ensemble de ses contacts, puis, par l'entremise d'une vidéo mise en ligne par un abonné, sur YouTube. C'est en conversant sur WhatsApp qu'Abdoullakh Anzorov obtiendra les informations nécessaires sur Samuel Paty, à l'exception, toutefois, de son portrait physique, problème que l'assassin solutionnera en temps et en heure.

12
« Une période dangereuse »

« Ce professeur est un provocateur et son excuse de ne pas choquer les musulmans c'est du bidon et le discours de Macron ne fait que jeter de l'huile sur le feu, réagit rapidement un internaute[1]. *Malheureusement ce n'est que le début de la chasse aux sorcières ils veulent mener une guerre sans relâche contre les musulmans. »*

« C'est très grave et dégradant surtout pour les élèves ensuite le fait de sortir les enfants musulmans de la classe c'est de

1. Allusion à la présentation du projet de loi contre le séparatisme, projet présenté par Emmanuel Macron le 2 octobre 2020 aux Mureaux (j'y reviendrai). Le 12 octobre, Brahim C. postera une vidéo ayant pour titre : « L'Islam et le Prophète Sws insultés dans un collège public », suivi du hashtag #levraiséparatisme.

l'hypocrisie de l'incitation à la haine du lavage de cerveau pour mieux endoctriner les élèves !!! »

De très nombreux commentaires accompagneront les messages du père, parfois sur un ton informatif (*« Pourquoi a-t-elle été exclue deux jours ? »* demande Kamel C. *« Parce qu'elle a refusé de sortir elle se fait exclure mais il est vraiment fou luiiii »*, répond Alhem B.), parfois sur un mode désabusé (*« ... en France il y a la liberté d'expression... Il ne risque absolument rien au pire une tape sur les doigts... »*), le plus souvent sur un mode accusatoire qui aurait sans doute retenu l'attention de Kafka (*« C'est extrêmement grave cette affaire. Cet enseignant devrait être suspendu en attente du procès. »*).

Touché par la quantité des messages reçus, Brahim C. écrit :

« Je tiens à vous remercier pour votre soutien. Et les personnes qui doutent, faites attention à vos enfants. Nous sommes dans une période dangereuse. »

13
Srebrenica

La vidéo d'Abdelhakim Sefrioui (que le rapport officiel désignera comme « l'accompagnateur ») s'achève sur un rappel des faits. Le prédicateur se filmant lui-même de face, nous sommes placés cette fois à la lisière d'un sous-bois, mais la voix, charmante et presque doucereuse, reste inchangée. L'homme dodeline souvent de la tête, et son K-way, ouvert sobrement sur un pull bleu et une chemise noire, se détache clairement du feuillage et des herbes hautes qui encadrent d'une manière presque bucolique son message de paix.

L'accompagnateur commence par rappeler les démarches accomplies auprès du collège du Bois d'Aulne. Non seulement celui-ci a trouvé le moyen de parler à la principale, mais une sanction devrait bientôt mettre un terme aux provocations de l'enseignant. Il s'agit là, à n'en pas douter, d'une victoire, même si la sévérité de la sanction demeure encore incertaine.

Si l'accompagnateur a du mal à dissimuler une sorte de contentement intérieur, le propos d'ensemble reste grave. À Srebrenica aussi, les musulmans croyaient couler des jours heureux. *« C'était des gens qui vivaient très bien, qui vivaient ensemble et qui se mariaient entre eux »*, précise notre spécialiste. Et pourtant, le boucher des Balkans – Ratko Mladic – est entré en action et les musulmans se sont fait massacrer. *« Moi, qu'est-ce que je vous dis ?* s'interroge, parvenu à ce stade de sa réflexion, Abdelhakim Sefrioui. *Je vous dis tout simplement que, là, nous sommes dans une ligne droite – si jamais on accepte ça, demain on arrivera peut-être à ce qui s'est passé à Srebrenica. »*

14
L'inspecteur raisonne

Si, aux yeux de l'accompagnateur, la faute de l'enseignant ne fait aucun doute, il nous reste à comprendre ce que son administration lui reproche. Le lecteur se souvient que, dans l'affaire Dreyfus, pour ne pas avoir à se dédire, le ministère des Armées préféra soutenir la version du traître plutôt que celle de l'innocent. Comparaison n'est pas raison, mais il est intéressant de remarquer l'étrange coïncidence entre la version de l'inspecteur et celle de Z. *« On a tous été choqués »*, nous apprend l'élève qui n'était pas dans la classe. *« Il a froissé les élèves »*, nous apprend, de son côté, l'inspecteur R.

C'est dans un courriel daté du 9 octobre que le référent laïcité confirmera ce fait à sa hiérarchie, encore qu'une suite de questions élémentaires se pose : à quel moment l'offense en question s'est-elle produite ? Les élèves se seraient-ils rebellés contre leur professeur ? Seraient-ils sortis pour se plaindre à la principale ? Auraient-ils dénoncé les agissements de leur professeur sur Internet ? Les rapporteurs mentionneront bien le malaise de deux ou trois élèves la veille du cours, mais, outre que *quelques* élèves ne signifie pas *tous* les élèves, cette précision ne nous apprend rien quant au cours fatidique (qui n'a de fatidique que ce que les acteurs extérieurs voudront bien en faire). Non seulement une telle réaction collective est battue en brèche par le témoignage des élèves présents le 6, mais ces derniers nous disent exactement le contraire : le cours serait passé comme une lettre à la poste si les *absents* – par quoi j'entends aussi bien les parents d'élèves que « la petite Z. » – n'avaient décidé de trouver « choquante » l'attitude de l'enseignant. *« L'erreur a été reconnue dès les premiers appels des parents tant par la principale que par l'enseignant »*, confirmera, dans ce même courriel, le référent laïcité. Jointe à l'hypothèse d'une indignation collective des élèves, cette précision complète utilement ce que nous savons de l'inspecteur R. : si les parents appellent, c'est bien que le professeur est en faute. L'offense suppose un offenseur, voilà qui paraît évident.

15
L'inavouable

Pour dégager clairement l'extraordinaire confusion théorique qui règne, non dans l'esprit du professeur, mais dans l'esprit de l'inspecteur, il faudrait poser la question ainsi : *« Un cours sur la liberté a-t-il pour fonction d'assurer la liberté d'expression ou la liberté de ne pas être froissé ? »* Il est bien clair que, si la seconde hypothèse était exacte, le professeur n'aurait d'autre option que de reculer devant le premier élève indigné venu – surtout si l'indignation d'un seul devient l'indignation de tous les autres. L'idée que « les élèves » auraient été « froissés » n'est donc pas seulement factuellement inexacte, elle est également philosophiquement fallacieuse. En croyant définir l'erreur de l'enseignant, l'inspecteur ne fait qu'assurer le double triomphe de l'omerta et du blasphème – exploit qui, pour un *référent* laïcité, laisse quelque peu songeur.

« Samuel Paty a du mal à percevoir qu'il a fait une erreur », écriront les deux rapporteurs dans leur rapport officiel. Les rédacteurs choisiront de se concentrer sur l'erreur de l'enseignant, non sur l'erreur de l'inspecteur, mais il y a lieu de se demander si le contraire n'aurait pas été plus éclairant. Il y a même lieu de se demander si l'aveu de l'enseignant – aveu tant attendu par sa hiérarchie – n'est pas là que pour dissimuler une pratique *inavouable* : celle qui consiste à sacrifier le professeur sur l'autel du « vivre ensemble ». *« L'erreur a été reconnue dès les premiers appels »*, écrira l'inspecteur R., tout à la joie de cette confession initiale. Mais en quoi ces excuses sont-elles la preuve que Samuel Paty aurait commis une erreur ? N'est-ce pas plutôt l'erreur des parents dont nous parlons ici ?

16
Le rapport officiel

Commandé très rapidement, le rapport officiel de l'IGESR paraîtra le 3 décembre[1]. Enrichi d'une introduction sociologique sur laquelle je ne m'étendrai pas et par une série de recommandations que j'examinerai ultérieurement, ce document vaut surtout par son récit des faits. Les événements mis en lumière par les deux rapporteurs s'étendent du lundi 5 octobre au vendredi 16 octobre. Le rapport permet d'éclairer très utilement les turpitudes scolaires de la petite Z., exclue non pour avoir tenu tête à un islamophobe, mais pour

1. « Enquête sur les événements survenus au collège du Bois d'Aulne avant l'attentat du 16 octobre 2020 », Inspection générale de l'éducation, du sport et de la recherche.

« retenues non faites, non-respect du port du masque, non-respect des adultes, et plusieurs croix dans le carnet ». Il permet également de mieux cerner les mensonges répétés de la mère, trop heureuse de confondre à dessein comportement de l'élève et racisme supposé de l'enseignant.

Si l'erreur de l'enseignant reçoit un traitement aussi objectif que possible, il en va très différemment de l'erreur de l'administration. *« Toutes les questions ont pu être posées et toutes les réponses apportées avec la plus grande précision »*, écrivent les rapporteurs avec une confiance peut-être excessive. Car une question centrale demeure : pourquoi devrait-on se baser sur le sentiment des élèves pour déterminer l'erreur d'un enseignant ? Le senti *ment*, écrit Jacques Lacan, et ce jeu de mots résume parfaitement la situation. *« M. Paty a reconnu avoir fait une erreur. Il ne voulait pas froisser les élèves en utilisant une caricature comme support pédagogique et il les a froissés »*, écrit l'inspecteur R., pour qui le *sentiment* des élèves est bien la *preuve* que l'enseignant a mal compris les « règles » de la laïcité. À ce compte-là, pourquoi ne pas faire entrer dans le calcul l'ensemble des élèves *qui n'ont pas été offensés* ? Et que dire des parents d'élèves qui ont choisi de ne pas rejoindre la campagne de Brahim C.[1] ? Après tout, la *majorité* des parents d'élèves de confession musulmane

1. « Votre fils n'est pas choqué ? » demandera Brahim C. à un parent d'élève, tout étonné que l'on puisse être musulman et ne pas adhérer à cette campagne de harcèlement. « Pas outre mesure, non », répondra une mère.

n'ont pas du tout été « froissés » par l'attitude du professeur. Devra-t-on mesurer à l'altimètre la hauteur des indignations des uns et des autres avant de déterminer si, oui ou non, l'enseignant a commis une erreur ? Doit-on concevoir les heures d'instruction morale et civique sur le mode de la vérité pascalienne : vérité en deçà d'un certain stade d'indignation, erreur au-delà ?

Plutôt que de nous en remettre à une notion aussi fausse et confuse que celle de sentiment, je propose d'aborder le problème sous une autre forme. La construction administrative de l'erreur se présente à nous comme la superposition de deux pièges. Le premier piège consiste à placer l'enseignant devant le dilemme suivant : *« Pourquoi froissez-vous les parents d'élèves ? Est-ce vraiment ce que vous cherchez ? Non ? Alors pourquoi ne pas vous excuser au plus vite ? »* – piège dans lequel Samuel Paty est tombé, par téléphone, le 6 octobre 2020. Le second piège consiste à déplacer l'erreur des autres (que l'enseignant a pris en charge à titre personnel par politesse – d'aucuns diraient par *gentillesse*) dans le champ du savoir : *« Puisque vous avez avoué une première fois, pourquoi ne pas admettre que vous ne maîtrisez pas bien les règles de la laïcité ? »* C'est cette procédure subtilement fallacieuse que Samuel Paty rejettera de toutes ses forces lors de la déposition du 13 octobre 2020.

17
La déposition

Le mardi suivant (le fonctionnaire n'étant pas disponible le lundi), Samuel Paty se rend au commissariat de police afin de répondre d'une nouvelle accusation que le père et son accompagnateur ont portée contre lui : non content de stigmatiser les musulmans, l'enseignant s'amuse à diffuser des images pornographiques auprès de ses jeunes élèves. Aussi grotesque soit-il (*« l'absurdité de la situation touche comme bien souvent au comique »*, notera Paty dans un courriel), ce nouveau tour de vis dans l'absurde a toutefois l'avantage de nous fournir l'image la plus nette de l'enseignant trois jours avant sa mort. Étrangement négligée par les deux rapporteurs, cette déposition nous permet d'entendre la voix de Paty, au style direct. *« Je n'ai commis aucune infraction dans le cadre de mes fonctions »*, déclare-t-il.

18
Les Juifs

« Nous vous remercions beaucoup infiniment pour votre soutien à propos de l'histoire grave du professeur d'histoire de ma fille qui a 13 ans. Une plainte a été posée », annonce fièrement Brahim C. sur son compte Facebook à la date du 11 octobre. Même si la joie du père est palpable, l'accompagnateur reste prudent[1].

1. Fiché S, Abdelhakim Sefrioui est connu des services des renseignements français avant même la création du collectif Cheikh Yassine (organisation islamiste créée en 2004). Précisons que l'accompagnateur n'en est pas à son premier coup. Retenons, afin de donner au lecteur un aperçu de ses activités, le harcèlement de l'imam de Drancy – Hassen Chalghoumi –, imam essentiellement coupable d'aimer la République française ou, pire encore, de ne pas haïr les Juifs comme il le devrait. Cet imam est toujours placé, comme les journalistes de *Charlie Hebdo*, sous protection policière.

« Si on avait été juifs, on aurait pu entrer sans attendre », dira Sefrioui à la principale – et cette remarque dit tout ce que nous avons besoin de savoir sur ses ambitions à long terme. Mais si l'on s'en tient aux calculs à court terme, force est de constater que la sanction tant attendue se fait attendre. La partie est loin d'être gagnée, mais l'accompagnateur dispose d'un atout de taille : la confusion entre parents d'élèves et parents de croyants et, mieux encore, le souci d'apaisement, la volonté de ne pas faire de vagues, la politique des accommodements raisonnables qui commande de parvenir à un terrain d'entente. Nul ne sait si cet atout sera suffisant pour porter un coup fatal à la carrière jusque-là si tranquille de Samuel Paty, mais on peut toujours interviewer « la petite Z. », aider le père dans ses démarches, crier à la stigmatisation – et voir ce qui se passe.

19
La partie de tennis

Alors que tout est mis en œuvre au collège du Bois d'Aulne pour apaiser ce qu'il est convenu d'appeler la colère des familles, la rumeur continue d'affirmer que l'enseignant est bel et bien raciste. Une sorte de compétition entre versions opposées se met en place, dans laquelle certains élèves de l'établissement (quoi de plus amusant que de lyncher quelqu'un de manière anonyme ?) ne sont pas en reste. Quant à la principale, très au fait des *« menaces téléphoniques où clairement on laisse entendre de s'en prendre physiquement à M. Paty et au collège si nous ne prenons pas des mesures disciplinaires à l'encontre de cet enseignant »*, elle ne cessera d'enjoindre le personnel à la plus grande prudence. Étalée sur plusieurs jours avec des pics et des accalmies incertaines, l'agression prendra une forme islamiste bien connue : le chantage au respect. *« Pourquoi cherchez-vous à semer la discorde dès le plus jeune âge ? »* s'indignait, le mercredi 7 octobre, l'un des agresseurs. C'est dans cet état d'esprit que la principale se rend au domicile de l'enseignant. Paty sort de chez lui, il s'apprête à faire de l'exercice, il tient une raquette dans la main.

20
La photographie

La ville d'Évreux est située à une centaine de kilomètres de Paris. C'est dans le quartier de La Madeleine que l'assassin grandira, après avoir rejoint son père, à l'âge de 6 ans, grâce au regroupement familial. Si un dieu ironique avait souhaité s'emparer de cette histoire, il n'aurait pas ourdi la trame des événements de manière différente : alors que l'État français sera qualifié d'islamophobe par des acteurs très divers, c'est justement pour lui permettre de fuir les persécutions que la famille de l'assassin, d'origine tchétchène et de confession musulmane, obtiendra le droit d'asile.

Sur la photo que je regarde, un jeune garçon se tient légèrement de profil. Son pied – son gros orteil – est recourbé vers le sol. Des enfants, quatre au total, sont assis à côté de lui, et des gâteaux sont répartis sur toute la surface de la table. Un cinquième garçon se tient en retrait, les bras croisés. Les deux enfants situés au premier plan contemplent la situation avec une retenue un peu triste, et Anzorov lui-même fixe l'appareil avec un sentiment d'à-quoi-bon – comme si cette photo souvenir, et cet anniversaire lui-même, n'avaient aucune importance.

21
L'attente

À quel réseau appartenait Anzorov ? Quelles informations a-t-il obtenues de Brahim C. ? Que lui a dit Sefrioui ? Telles sont les questions que les enquêteurs choisiront de se poser. Mesurer l'implication des acteurs est certainement important d'un point de vue juridique, mais cet ensemble de questions ne doit pas nous conduire à passer à côté de l'essentiel : dans un récit comme le nôtre, les éléments n'ont pas besoin d'être alignés pour aboutir au résultat escompté. Anzorov est bien entré en contact avec des djihadistes[1], mais il est

1. Dont Faruq Shami, un activiste basé en Syrie rattaché au groupe islamique Hayat Tahrir al-Sham.

peu probable qu'il ait obtenu de ses interlocuteurs autre chose qu'un message d'encouragement. Les armes, la date, le mode opératoire, tous ces choix ordinairement si planifiés donnent l'impression que le jeune Tchétchène les a effectués seul – même si l'assassin n'aurait jamais choisi sa victime s'il n'était tombé, au préalable, sur la vidéo du père.

Anzorov arrive au collège en début d'après-midi et se met immédiatement en devoir d'identifier sa victime. Dis-moi qui est M. Paty et je te donne trois cent cinquante euros[1]. Deux élèves, M. et E., trouvent l'idée intéressante. La conversation s'engage, mais que peut-on dire à un inconnu pendant deux heures ? De quoi peut-on parler ? Le temps a dû paraître long, et même interminable ; ou bien le fait qu'un petit groupe se soit formé autour de cet imposant grand frère a-t-il permis une forme de roulement, une sorte de tournante.

Très vite, pourtant, la conversation tourne autour de l'idée de punition. Il est bien clair que la punition attendue va déboucher sur un drame, mais la nature exacte du drame est soustraite à la connaissance encore imparfaite des spectateurs. Certes, le fait de faire circuler les billets permet de créer un liant entre les élèves réunis. Certes, le fait de se remémorer la version de la petite Z. permet de se redonner du cœur à

---

1. « M. Paty » : c'est le terme plein de déférence que l'assassin utilisera pour identifier la tête de sa victime sur Twitter, avant de mourir, quelques minutes plus tard, de neuf balles dans le corps.

l'ouvrage, histoire que l'élève est heureuse de confirmer, à cet instant, par téléphone. Mais tout cela demeure accessoire au regard de la jubilation sous-jacente qui relie si puissamment le père, l'accompagnateur, la petite Z. et les élèves : l'envie de savoir – ou, mieux encore, de *voir* – ce que cette punition pourrait bien donner.

22
Les chiens

Un islamiste peut tout vous expliquer. Il peut vous montrer comment vivre et comment prier. Il peut vous enseigner la Voie et vous montrer quoi sacrifier afin de mériter l'estime et les faveurs de Dieu. Il peut vous épargner les pièges du monde moderne – consumérisme, nihilisme, schizophrénie –, de même qu'il peut vous aider à rencontrer l'être aimé. D'un point de vue érotique, il peut vous enseigner à faire l'amour, non comme des animaux (car les animaux sont des êtres inférieurs qui valent ce que valent, dans son système, les chiens), mais de manière beaucoup plus pure ou, pour reprendre un mot qu'il affectionne, de manière *spirituelle*. La seule chose qu'il serait bien en peine d'expliquer est la raison pour laquelle tant de prêtres sont obsédés par cette idée : offrir un tribut sanguinaire à l'Être suprême. Si, comme nous allons le voir, les islamistes sont aujourd'hui des multiculturalistes convaincus, si l'Universel des Européens leur paraît si abstrait, s'ils attachent une telle importance à la spécificité des cultures au point de rendre toutes les cultures incommensurables les unes aux autres, c'est pour qu'il nous soit interdit de le savoir, pour qu'il nous soit impossible de croiser les données, pour qu'il nous soit impossible d'établir les connexions nécessaires. Un homme s'apprête à massacrer un innocent au nom du dieu qu'il a en tête : est-il, à l'échelle biblique, activité plus ordinaire ? Non seulement le meurtre est d'une grande banalité, mais c'est justement cette banalité qui est universelle.

23
Le châtiment

La coutellerie ne se trouve pas à Évreux, mais à Rouen. C'est là qu'Abdoullakh Anzorov achètera, le 15 octobre, l'arme du crime. « *Pourquoi tu ouvres la boîte, si c'est un cadeau pour ton grand-père ?* » demande le jeune homme qui l'a convoyé sur place. Anzorov achètera le lendemain deux autres armes, mais, en un sens, la journée du 16 octobre commence ici, par l'achat de ce premier couteau (un coutelas de boucher muni d'une lame de trente-cinq centimètres) et par l'étonnement du camarade – cet « *ami de longue date* », comme le dira le procureur à la presse.

Samuel Paty est mort à l'angle de la rue de la Haute-Borne et de la rue du Buisson-Moineau, le vendredi 16 octobre

2020, à 16 h 57. La route qui mène du collège au domicile de l'enseignant longe une série de jardinets disparates et sans prétention – l'endroit n'est pas abrité des regards, il constitue seulement la première intersection sur le chemin du retour.

Anzorov suivra sa victime – l'homme au jean bleu et à la chemise rouge – sur quelque trois cents mètres. Nul ne sait si le professeur était encore conscient au moment de sa décapitation. La nature des coups au niveau des membres supérieurs et de l'abdomen ouvre deux interprétations possibles : ou bien le professeur s'est battu, ou bien l'assassin s'est employé à charcuter sa victime avant de lui trancher la gorge.

Le reste appartient à la légende dorée des martyrs : la fuite en direction d'Éragny après qu'une brigade eut repéré l'assaillant au pied de sa victime, le refus d'obtempérer, la lutte à armes inégales face aux policiers nationaux venus en renfort, et finalement la joie de mourir en héros après avoir envoyé ce message à tous les Français mécréants, en commençant par le premier et le plus orgueilleux d'entre eux :

« D'Abdullah, le serviteur d'Allah à Macron, le dirigeant des infidèles, j'ai exécuté un de tes chiens de l'enfer qui a osé rabaisser Muhammad, calme ses semblables avant qu'on ne vous inflige un dur châtiment. »

24
Recommandations

Le rapport de l'Inspection générale fait 22 pages, et il s'achève pédagogiquement sur une « Synthèse ». Si les rapporteurs jugeront plus prudent de ne pas décrire le crime, il en va très différemment de cette activité administrative bien connue qui consiste à distribuer au personnel ce que les experts nomment des « recommandations ». Il n'est pas exagéré de parler d'hypostase pour qualifier cette procédure qui consiste à étendre la faute à tout, procédure par laquelle tous les enseignants sont désormais susceptibles de commettre un faux pas. Il va sans dire que cette généralisation de l'erreur ne fait que renforcer *l'utilité de tous les services concernés*, services à propos desquels le rapport de l'Inspection générale ne tarit pas d'éloges.

C'est à l'inspecteur R. que nos deux rapporteurs réservent l'approbation la plus appuyée, mais nous aurions bien tort de limiter ces éloges administratifs au seul cas de notre héros, alors que c'est bien à la principale et, au-delà, à l'ensemble du personnel, dans ce vaste arc-en-ciel bureaucratique qui va du DASEN au DAASEN – sans oublier, naturellement, le CT-EVS –, que nos deux rapporteurs adressent leur message de félicitation.

Il serait fastidieux de détailler l'ensemble des services salués nommément. Citons, afin de donner au lecteur un avant-goût de cette prose administrative, le passage suivant :

« À l'échelon académique, la prise en compte de la situation est aussi marquée par l'attention et la réactivité. Le DAASEN s'est emparé de l'affaire, tout en informant le DASEN (qui a pris ses fonctions dans le département le 5 octobre) et a constitué une sorte de cellule de suivi et d'intervention composée de lui-même, du directeur et de la cheffe de cabinet de la rectrice, du référent académique laïcité et de la conseillère sécurité de la rectrice. La composition de cette cellule permet d'appréhender la situation dans sa dimension à la fois pédagogique et sécuritaire. Elle permet en effet, sur le plan pédagogique, de mettre en place une action d'accompagnement du professeur et de l'équipe pédagogique par le référent laïcité pour ce qui concerne les questions relatives à la conduite de classe dans le cadre d'un cours sur la liberté d'expression, notamment quand celui-ci comporte des

enjeux liés à la laïcité. La mission a pu constater que c'est de bout en bout dans un véritable souci d'accompagnement que cette action a été conduite. »

Admirons au passage cette merveille grammaticale : le présent de l'administratif. La synergie de tous les services « *permet* » l'accompagnement de l'enseignant en difficulté, sans que l'on sache très bien à quel moment cette heureuse solution intervient, et moins encore si l'assassinat de Samuel Paty nous en fournit l'illustration. Une chose seule est certaine : ce rapport jouera un rôle central dans le message que la rectrice de l'académie de Versailles enverra à tous les enseignants concernés. Ce message interviendra sous la forme d'une vidéo – vidéo mise en ligne le 7 décembre 2020, à 8 h 30.

25
Ayez confiance

J'ai souhaité qu'un rapport soit établi *« car il est toujours utile de bénéficier d'un regard extérieur sur notre action »*, observe la rectrice. La vidéo dure deux minutes et neuf secondes. Les propos sont affables et les mots soigneusement pesés, même si l'exercice, après un tel assassinat, demeure incertain. Il est bien clair que la rectrice entend persuader les enseignants que l'administration scolaire n'a jamais voulu qu'une seule chose : leur bien. Mais comment redonner confiance aux professeurs tout en accusant Samuel Paty d'avoir commis une erreur ? Comment cette thèse, construite avant l'assassinat, serait-elle encore vraie après ? La décapitation n'aurait-elle aucune importance ? Plus troublant encore : que veut dire la rectrice lorsqu'elle se promet d'être *« toujours plus efficace »* ?

Je propose de laisser de côté la partie intermédiaire (un éloge de tous les services rendu possible par l'éloge de tous les services précédents), pour nous rendre directement à la conclusion :

« Cher personnel de l'académie, ne perdez jamais de vue que votre mission est la plus belle qui soit, que vous faites de nos élèves des citoyens éclairés, que vous faites de nos élèves des adultes libres. Et de cela, vous pouvez être très fiers. »

Mots d'une grande bienveillance, mais quel rapport ont-ils avec ce que la rectrice appelle *« les événements »* ? Les enseignants auraient-ils perdu leur estime de soi parce que l'un des leurs a été sauvagement assassiné ?

Si cette allocution paraît conforme au principe de *confiance* – auquel, malheureusement, tout nous ramène –, cette confiance se heurte à un phénomène bien connu des lecteurs de Kafka : l'impossibilité de savoir où l'inspecteur veut en venir et, plus encore, ce que veut la direction. S'étonnant de la variété et de l'incohérence des instructions venues d'en haut, Jean-Pierre Obin écrit :

« Le moins que l'on puisse dire est que les plus républicains n'ont pas le sentiment d'être encouragés lorsqu'ils veulent tenter d'enrayer les atteintes à la laïcité. »

Voilà qui paraît beaucoup plus précis en matière de perte de confiance – voilà qui paraît beaucoup plus à même d'éclairer le problème auquel l'académie entend trouver une solution. Sans doute la défense des valeurs de la République aurait une plus grande chance de convaincre si cette défense ne consistait pas à trahir sans le dire – à trahir avec bienveillance – la seule personne qui, au sein de l'administration, les incarne.

26
La note interne

Plus tard, lorsque l'assassinat de Samuel Paty aura déchaîné les passions et que les critiques de l'islam seront reconverties en critiques de la laïcité française, un sociologue de grand renom prendra la parole afin d'incriminer notre modèle. Puisque les caricatures suscitent la fureur des assassins, pourquoi les provoquer inutilement ? Puisque les caricatures blessent les croyants, pourquoi insister ? Tâchons plutôt d'appliquer nos principes de manière souple et ondoyante, dira-t-il, sans voir que cette philosophie est justement celle de l'administration scolaire, sans voir que le souci comporte un coût, sans voir que cet accommodement est justement ce qui permet de construire des « erreurs » que l'on retournera, ensuite, contre le non-coupable.

J'ai cru bon d'évoquer l'article 1 de ce que les pédagogues nomment l'école de la confiance, mais le rapport lui-même n'en parle pas. Le trait le plus marquant du rapport officiel est l'évacuation complète de toute *responsabilité doctrinale* dans le déroulement des événements. Ce qui est arrivé est une *« tragédie »*, précisera le ministre de l'Éducation. Il s'agit d'une *« issue fatale »*, écriront à leur tour les rapporteurs – mais où s'arrête l'institution et où commence le *fatum* ?

Dans un essai prémonitoire publié en 1984, Jean-Claude Milner écrit ceci : *« À force d'ouvrir l'école aux parents et de transformer les maîtres en famille, les inventeurs de la communauté éducative ont simplement rassemblé et confondu deux pouvoirs : désormais, aucun enfant ne pourra se protéger par l'école du regard de ses parents, ni l'inverse. Du même coup, chacun est voué à la perpétuation de la rumeur familiale dans l'école et de la rumeur éducative dans la famille*[1]. *»* On ne saurait décrire plus justement le drame de Conflans-Sainte-Honorine. L'élève n'aurait jamais inventé son histoire si elle n'avait écouté ses camarades parler en dehors de l'école, les parents ne se seraient jamais retournés contre le professeur s'ils ne s'étaient sentis en droit de l'accuser d'un grave manquement au principe de laïcité, et, bien sûr, Samuel Paty n'aurait

1. Jean-Claude Milner, *De l'école*.

jamais pris son téléphone si l'administration avait protégé l'enseignant de la rumeur au lieu de l'inviter à s'excuser. La confusion des pouvoirs s'est donc réalisée, pour ainsi dire, à la perfection. Mais une question demeure : si cette communauté éducative a été planifiée par des pédagogues, peut-on encore parler d'une « tragédie » ?

L'académie insistera beaucoup sur son souci de protéger le professeur tout en lui apprenant à reconnaître sa « maladresse », mais cette maladresse est-elle autre chose qu'une concession faite aux esprits « offensés » ? Les rapporteurs qualifieront l'assassinat d'événement *« impensable »*, et il est exact que cette confusion des pouvoirs ne permet pas de penser la violence. Trompée par les vertus de sa propre doctrine, l'institution pourra même se dire qu'elle est parvenue à un résultat satisfaisant. C'est d'ailleurs pourquoi Samuel Paty ne fera pas l'objet d'une protection policière rapprochée, chacun ayant intérêt à penser – c'est-à-dire à croire – que le problème a été *« traité »*. Réalisant sa propre synthèse, la police détaillera les faits avec exactitude, mais pour adopter finalement la doctrine de l'institution scolaire elle-même. *« La communication entre la direction et les familles a visiblement permis d'apaiser les tensions »*, conclut cette note interne.

III
« TERRIBLE NOUVELLE »

27
Un héros de notre temps

« Objet : terrible nouvelle » : tel est le titre du courriel que la principale enverra aux enseignants avant que cet assassinat ne provoque une onde de choc dans tout le pays et, par incidents diplomatiques interposés, dans le monde entier. Le lendemain, le procureur national antiterroriste détaillera la nature exacte des coups portés, mais le jour même, et pendant quelques heures, une photo résumera mieux que tous les commentaires le projet de l'assassin : celle d'une tête détachée du corps, cernée d'une flaque de sang, joue gauche posée sur le sol. Banale et même logique partout où les soldats d'Allah passent à l'action, la décapitation d'un enseignant n'en conservera pas moins, en France, un caractère

presque surréel. Elle plongera le pays dans un traumatisme profond duquel la République ne sortira qu'en multipliant les hommages officiels. La Légion d'honneur lui sera décernée à titre posthume. Une cérémonie nationale sera organisée dans la cour de la Sorbonne. Un proche lira la lettre de Jean Jaurès aux instituteurs, une enseignante un poème de Gauvain Sers, puis une élève les mots d'Albert Camus à son maître. Quant au président de la République, après avoir évoqué l'homme, il fera de Samuel Paty un *« héros tranquille »*, hussard tombé au champ d'honneur de la laïcité française. Mais cette belle continuité martyrologique ne saurait faire oublier le contexte institutionnel de l'assassinat, de même que l'émotion ne saurait faire oublier l'écart entre cette lointaine époque et la nôtre. Sans la destitution de l'enseignant et la sacralisation dévastatrice de l'élève, le témoignage de la petite Z. n'aurait jamais acquis la moindre importance, pas davantage que le témoignage d'un cancre à l'époque somme toute bénite où l'administration scolaire n'avait pas encore fait du professeur, à la moindre offense ou au moindre malentendu, son fautif idéal.

Et ainsi en va-t-il de la situation historique dans laquelle l'enseignant français se trouve aujourd'hui plongé. Cette situation n'est pas si complexe que nous ne puissions la résumer simplement. De même que le pouvoir parental ne surgit pas de nulle part, mais d'une doctrine pédagogique précise, la précarisation du métier d'enseignant repose sur la combinaison hautement inflammable de deux facteurs. D'un côté, un prosélytisme tabligh, salafiste et fréro-musulman dont seuls les Candide de l'antiracisme contestent encore l'importance ; de l'autre, un désengagement continu de l'État sous la houlette d'une doctrine économiquement libérale, désengagement qui se traduit par une précarisation chaque fois plus avancée du métier lui-même.

Lorsque ma compagne m'a demandé sur quoi je travaillais actuellement, je lui ai répondu que je m'intéressais à une plaisanterie. Je lui ai fait part des projets de Paty touchant ce modèle de liberté et d'amour qu'est la Chine, plaisanterie à laquelle personne, à ma connaissance, n'a attaché d'importance. Je me souviens que, plus d'une dizaine d'années auparavant, j'avais écrit un article sur les réactions indignées qu'un romancier avait suscitées en parodiant le style d'une écologiste très en vue, et j'avais conclu par ces mots : *« Tous les hommes sont égaux, mais ceux qui n'ont pas d'humour sont plus égaux que d'autres. »* J'ignorais que cet axiome deviendrait le mot d'ordre d'une dictature aussi absurde que toutes les autres – la « culture du respect ». Au cours des mois qui suivirent l'assassinat de Samuel Paty, des intellectuels accommodants insisteront beaucoup sur l'importance de ne pas froisser les croyants. Considéré moralement, cet appel au respect est aussi inattaquable que l'amour de l'humanité à la belle époque du stalinisme, mais il butera toujours sur ce simple fait : lors d'une année précédente, l'enseignant a présenté une caricature de Jésus, et personne n'en a jamais rien su. Pourquoi les chrétiens n'ont-ils pas contacté la principale du collège en exigeant le renvoi immédiat du professeur ? Samuel Paty aurait-il changé entre-temps ? Aurait-il manqué de respect dans un cas, et non dans l'autre ? *Offense is taken, not given*, résume un humoriste anglais. La question n'est pas de savoir si l'offenseur aurait fait quelque chose de mal, car l'offense est définie par l'adversaire. La question est de savoir ce que cherche, ou plutôt manigance, l'homme offensé.

28

Le défilé du 18 octobre

Samuel Paty se proposait de faire un cours sur la liberté d'expression afin de *« déconstruire les arguments des islamistes*[1] *»* ; Abdelhakim Sefrioui se proposera de faire venir des musulmans en masse afin de dénoncer l'islamophobie de l'institution scolaire. L'assassinat de l'enseignant ne met pas du tout en lumière l'existence du racisme systémique, mais, au contraire, l'instrumentalisation de l'antiracisme à des fins politiques et religieuses. Il est donc tout à fait logique que le problème de l'antiracisme soit immédiatement reconverti en lutte contre le racisme par ceux-là mêmes qui n'ont

1. Courriel du dimanche 11 octobre 2020.

aucun intérêt à comprendre la véritable nature du problème. Les choses sont pourtant politiquement et analytiquement séparées. On peut défiler dans la rue et protester haut et fort contre le racisme : on n'aura toujours pas analysé l'instrumentalisation de l'antiracisme – on aura simplement inauguré, tout au plus, l'âge des défilés *équivoques*.

Bien loin de réunir les Français autour d'une cause commune, la marche en hommage au professeur assassiné entérinera l'immense recul des défenseurs de la liberté d'expression, puisque ces derniers font désormais partie d'un camp, et d'un camp menacé. *« La situation est bien pire qu'il y a cinq ans »*, dira l'avocat de *Charlie Hebdo* – Richard Malka – en référence aux attentats de 2015, et ce constat paraît difficilement contestable.

La mort de Samuel Paty réunira le plus improbable des cortèges. Conséquence immanquable d'un pays profondément divisé sur l'enseignement de la laïcité, la marche du 18 octobre 2020 mêlera le camp des « républicanistes » et les tenants d'une laïcité « inclusive » dans ce qu'il faut bien nommer une pure mascarade[1].

---

1. Peut-être ne sera-t-il pas inutile de rappeler le sens de ces deux mots. « Inclusif » signifie, dans le débat anglo-saxon qui lui sert de contexte politique : possibilité de conserver les valeurs de son groupe d'appartenance au sein de ce que certains sociologues nomment parfois la « société d'accueil ». Il est certain que l'adjectif « inclusif » sonne bien. Trop bien, même : la conception inclusive n'est pas moins conflictuelle que la position assimilationniste, puisque la présence de

Hués sur la place de la République, les partisans d'une laïcité « inclusive » ne manqueront pas de crier au racisme. Le soupçon d'islamophobie porté à l'encontre des « républicanistes » était prévisible, mais il ne permet pas de comprendre le drame de Conflans-Sainte-Honorine. *« C'est ici que l'abject a encore eu lieu »*, dira l'accompagnateur – par quoi il faut comprendre : c'est ici qu'un État islamophobe a joué de tous ses pouvoirs pour tourmenter une jeune musulmane sans défense. Défiler contre le racisme est une bien belle chose, mais il n'est pas certain que cette répudiation publique nous aide à percer ce mystère : pourquoi Abdelhakim Sefrioui a-t-il tenu ce raisonnement-là ?

On pourrait aussi bien reprendre le mensonge de la petite Z. sous la forme d'un conte pour enfants, et présenter cette fiction sous la forme suivante : *« Il était une fois une petite fille très gentille qui ne demandait qu'à être aimée de la société. Malheureusement, cette société était très méchante et ne*

---

plusieurs systèmes de valeurs sur un même territoire produit inévitablement un conflit. La tension observée en France entre les républicanistes, hostiles à l'idée que des interdits religieux puissent régenter un cours (*« la République ne connaît pas le blasphème »*, pour reprendre les mots de Paty lui-même), et les partisans d'une conception inclusive (pour lesquels ces interdits religieux doivent être « respectés », puisqu'ils font partie de « l'identité » du groupe) questionne la place de la religion dans la République et, plus encore, le jeu des entrepreneurs religieux en son sein. L'idée que les « laïcards » français seraient saisis d'une sorte de fureur religieuse tournée contre les musulmans est ainsi très en vogue chez les islamistes, puisqu'elle permet de mettre la France en procès et, surtout, de renverser les rôles – renversement dont la « tragédie » de Conflans-Sainte-Honorine nous fournit certainement le prototype.

songeait qu'à la haïr, de sorte que, ballottée entre l'amour et la haine comme un personnage de Dickens, son avenir demeurait très incertain. » On dira qu'une histoire aussi simplette n'aurait aucune chance de se frayer un chemin dans le monde tellement plus intelligent des sociologues – en quoi on s'avancera beaucoup. Car il suffit de remplacer « *petite fille* » par « *racisé* » et « *méchant* » par « *mode de domination* » pour que, soudain, tout prenne vie. C'est ce conte pour enfants – mais raconté par des adultes – que je me propose d'évoquer brièvement dans les pages qui suivent.

29
Sociologie du racisé

Racisme systémique, continuum colonial, persécution des musulmans, rejet en bloc et irrationnel de l'islam : il n'est pas besoin d'être un fin limier pour s'apercevoir que ces arguments appartiennent à un même univers de pensée. Pour présenter cet univers, le mieux est encore de se plonger dans les textes.

Les Blancs, les Juifs et nous. Vers une politique de l'amour révolutionnaire (2016), de Houria Bouteldja, est un ouvrage à la fois personnel et politique. Le livre est bâti sur une opposition entre deux classes d'individus : les racistes et les racisés. *« Ce qui nous sépare n'est ni plus ni moins qu'un conflit d'intérêts entre races aussi puissant et aussi structuré que le conflit de classes »*, écrit l'auteur. Pour obtenir la notion de race, il suffit d'absolutiser l'opposition entre les dominants, que l'on associera à tout ce qui est blanc, et les dominés, que l'on associera à tout ce qui n'est pas blanc. Afin de mener à bien ce programme politique d'une rare précision, Mme Bouteldja aura besoin de trois choses : en premier lieu, d'une version binaire de la domination qui assigne à chacun un rôle précis. Aux dominants, donc, la fonction de dominer ; aux dominés, donc, la fonction de l'être. En deuxième lieu, l'idée que le dominé ne cherche qu'une chose : la paix ; ou plutôt : que justice soit faite. Enfin, on tablera sur une version maximaliste de la domination, raison pour laquelle *« l'État national blanc »* sera dit raciste, et finalement l'ordre social dans son ensemble, puisqu'il s'agit de reconstruire la communauté politique sur des bases enfin décolonisées, c'est-à-dire enfin justes.

Après avoir jeté les bases d'une compréhension aussi réaliste des rapports sociaux, Mme Bouteldja en vient au principe actif de cet important système : la *haine*. La haine est à la lutte des races ce que la lutte des classes est au marxisme : l'explication ultime, le ressort capital qui permet de tout expliquer. Comment nommer l'appréhension du peuple français après les attentats islamistes ? La haine. Comment appeler l'hostilité des Blancs vis-à-vis des non-Blancs ? La haine. Qu'importe que l'association de la haine et de la race soit un peu trop cousue de fil blanc : le mot est lâché, et il autorise toutes les inversions historiques que l'on voudra. En bonne Indigène de la République (appellation infamante à laquelle l'auteur tient beaucoup), l'auteur expliquait à ses lecteurs, à la belle époque où *Charlie Hebdo* n'était pas encore le nom d'un attentat, que l'emprise islamiste sur la société française était un fantasme de droite, que les dessinateurs ne risquaient rien, et que le battage médiatique autour du journal satirique relevait d'un alarmisme bouffon. Certes, le massacre desdits dessinateurs est venu contredire cette thèse. Certes, la décapitation de Samuel Paty semble infirmer quelque peu cette analyse. Mais quoi, les vraies violences ne sont-elles pas systémiques ? Le dominé ne ressent-il pas cette violence systémique dans sa chair ? À qui voudrait-on faire croire que Mme Bouteldja ne se *sent* pas stigmatisée ? Poussera-t-on la malice postcoloniale jusqu'à lui voler ses propres affects ?

L'auteur est donc stigmatisée, mais la stigmatisation n'est pas la souffrance, ni le symptôme. Le symptôme vous enferme dans votre folie propre, alors que la stigmatisation, c'est son côté pratique, vous permet d'accéder à l'univers des luttes politiques concrètes. Les affects de Mme Bouteldja ont ceci d'étonnant qu'ils convergent tous vers le même point. L'indigénisme est un leibnizisme inversé : toutes les souffrances s'orientent vers une voûte céleste, un ordre miraculeux, une architectonique sublime – je veux parler du *racisme préétabli*. C'est à partir de ce point, tout à la fois infâme dans son contenu et miraculeux dans son ordonnancement, que Mme Bouteldja entend raisonner.

Et que nous apprend-elle ? Que la domination cessera le jour où les dominants cesseront de dominer. Entendre : le jour où les dominants prendront le parti des dominés. Non seulement les dominants peuvent cesser d'être blancs, mais ils peuvent être *« sauvés »* (car Mme Bouteldja ne déteste pas sauver les autres, c'est même ce qu'elle appelle l'*amour*). On ne voit pas très bien comment les dominés pourraient vivre ensemble sans que personne ne domine jamais personne, mais c'est justement la beauté de l'amour révolutionnaire dont l'auteur n'a pas fait pour rien son sous-titre : si tout le monde rejoint les dominés, la domination n'existera plus, et la paix régnera enfin.

L'auteur est donc disposée à sauver les Blancs – et même, chose admirable, les Juifs –, à condition que ces derniers fassent preuve d'une contrition sincère à l'endroit de leur propre perfidie :

« Vous savez les crimes qui ont été commis en votre nom, ou avec votre complicité. Il ne s'agit pas d'une mémoire directement consciente. Elle est diffuse. Elle sommeille. Parfois, elle ouvre un œil et aussitôt elle le referme. Vos yeux sont grand fermés. La peur est indéfinissable. C'est le mal-être blanc. »

Comme son nom l'indique, le mal-être blanc est un sentiment, mais ce sentiment est très différent du mal-être non blanc. Le mal-être blanc est lié à une sorte de tricherie fondamentale, quelque chose d'identique à la mauvaise foi sartrienne, mauvaise foi que le non-Blanc, lui, est parvenu à mettre au jour. Afin d'illustrer son propos, l'auteur nous confie un touchant souvenir de jeunesse :

« La fois où, lycéenne, en route pour un voyage scolaire à New York, je demande à mes parents qui m'accompagnent à l'aéroport de rester cachés à la vue des professeurs et camarades de classe parce que "les autres parents n'accompagnent pas leurs enfants". Bobard à deux balles. J'avais honte d'eux. Ils faisaient trop pauvres et trop immigrés avec leurs têtes d'Arabes alors qu'ils étaient fiers de me voir m'envoler vers le pays de l'Oncle Sam. Ils n'ont pas protesté. Ils se sont cachés et j'ai cru naïvement qu'ils avaient tout avalé. Je ne me rends compte qu'aujourd'hui qu'ils m'ont accompagnée dans le mensonge. Ils l'ont même soutenu sans broncher pour me permettre d'aller plus loin qu'eux. Et puis, avoir honte de soi, chez nous, c'est comme une deuxième peau. "Les Arabes, c'est la dernière race après les crapauds", disait mon père. Une phrase qu'il avait sûrement entendue sur un chantier et qu'il a faite sienne par conviction de colonisé. À l'aéroport, il n'allait pas se dédire. Depuis, il a été emporté par un cancer de l'amiante. Un cancer d'ouvrier. Oui, je dois me faire pardonner de lui. »

On ne s'étendra pas sur la nature exacte de la faute en question (dont ce récit, fort socialiste au demeurant, est peut-être le souvenir-écran), et l'on s'en tiendra à cette formule neutre : Mme Bouteldja entend se faire pardonner quelque chose. L'indigénisme n'est pas un humanisme, mais une *hontologie*. Rien de ce qui est honteux ne lui est étranger : à preuve cette faute immense et torturante que notre auteur n'est pas prête à se pardonner. La conséquence, pour les Blancs, est la suivante : tant que les autres, tous les autres, ne feront pas de même, il lui semblera toujours que quelque chose ne va pas. Et puisque les Blancs se signalent par leur mauvaise foi, il lui semblera toujours que ces derniers trichent honteusement.

Mais venons-en à l'islam – et aux violences commises en son nom. Si le racisé en vient à égorger un individu au nom d'Allah, par exemple, c'est parce qu'il singe le Blanc : c'est ce que Mme Bouteldja appelle la théorie de *l'imitation*. Quant à la preuve de l'existence de Dieu lui-même, elle se déduit du raisonnement suivant :

Le capitalisme oppresse les individus.
Or le capitalisme a tué Dieu.
Donc Dieu existe.

Et l'auteur d'en conclure :

« Seul le Tout-Puissant est éternel. Personne ne peut lui disputer le pouvoir. Seuls les vaniteux le croient. De ce complexe de

la vanité sont nées les théories blasphématoires de la supériorité des Blancs sur les non-Blancs, de la supériorité des hommes sur les femmes, de la supériorité des hommes sur les animaux et la nature. Nul besoin d'être croyant pour interpréter cette philosophie d'un point de vue profane. Croyants ou pas, c'est une sagesse tout à fait "rationnelle" et endossable par tous. » [C'est moi qui souligne.]

Ou encore :

« Ce cri – Allahou akbar ! – terrorise les vaniteux qui y voient un projet de déchéance. Ils ont bien raison de le redouter car son potentiel égalitaire est réel : remettre les hommes, tous les hommes, à leur place, sans hiérarchie aucune. »

Voilà qui paraît clair, collectivement parlant. Mais la liste des bienfaits est encore incomplète, car elle inclut un certain nombre de bénéfices annexes, comme la possibilité d'instaurer une théocratie en Europe, celle de prier autant de fois que l'on voudra, et la compréhension de l'homme par l'homme de sa petitesse. La vérité est que les bienfaits du collectivisme ainsi conçu sont innombrables, il suffit de s'adonner à un raisonnement binaire et de charger la barque d'un côté. Par exemple :

La science occidentale a créé la bombe atomique.
Or la religion archaïque s'oppose à la science.
Donc l'archaïsme favorise la paix.

Ou bien :

L'homme blanc mène une vie dissolue.
Or la femme musulmane n'est pas un homme blanc.
Donc la femme musulmane n'est pas dissolue.

Toutes ces déductions sont évidemment importantes sur le plan des mœurs, mais aucune n'aura jamais le caractère universel du premier syllogisme. Il s'ensuit tout naturellement que le héros bouteldjien est un homme qui rabaisse le *« vaniteux »* en poussant son cri favori : *« Allahou akbar ! »* L'auteur consacre les dernières pages de son livre à nous rassurer sur ses intentions pacifiques. Il est vrai que ce cri, en lui-même, a quelque chose d'assez troublant. Reconnaissons qu'entre la définition du héros et un terroriste islamiste, la différence est assez mince.

30
Variation victimaire

Aussi rigoureux et admirable soit-il, un tel système n'aurait jamais capté l'attention des intellectuels de gauche si l'auteur ne réclamait pour elle-même quelque chose de crucial : le statut de victime. Des professeurs tout à fait respectables, guère troublés par ses options ouvertement théocratiques (*« Une seule entité est autorisée à dominer : Dieu »*), y verront un motif de sympathie, et même d'espoir. Mme Bouteldja conclut-elle son opus sur le mot *« tombe »* ? Chante-t-elle l'épopée incomprise de Mohamed Merah ? Détails sans importance. Il suffit de prononcer le mot magique – celui de *discrimination* – et tout à coup les portes s'ouvrent, le ciel se dégage, les perspectives réjouissantes apparaissent.

J'ai étudié la « sociologie de la domination » de Mme Bouteldja comme un conte pour enfants, mais ce conte pour enfants n'est pas tel qu'il ne puisse recevoir une tournure académique en bonne et due forme. Soit, par exemple, le passage décolonial suivant :

« Pourquoi devrions-nous adopter les priorités et les hiérarchies de l'Occident ? Vos succès au XXe siècle sont-ils si éclatants ? La Seconde Guerre mondiale, les génocides, la destruction de l'environnement, et que suivra-t-il encore ? Voilà les effets d'une civilisation "moderne" qui a privilégié l'individu sur la métaphysique, l'Histoire sur l'éternité, le progrès sur la tradition, les valeurs viriles sur la sensibilité. [...] Dans la suite logique de cette merveille de la technologie moderne nommée Seconde Guerre mondiale, et peut-être de cette confrontation des cultures nommée Vietnam, il est devenu évident que la pulsion de domination sur les hommes n'était pas le simple sous-produit d'une économie politique viciée mais venait aussi d'une vision du monde convaincue de la supériorité absolue de l'homme sur le non-humain et le sous-humain, du masculin sur le féminin, de l'adulte sur l'enfant, de l'historique sur l'anhistorique, du moderne ou du progressiste sur le traditionnel ou le sauvage. Il est apparu de plus en plus clairement que les génocides, les désastres écologiques et les ethnocides n'étaient que l'envers de technologies psychopathes et de sciences corrompues mariées aux nouvelles hiérarchies laïques [c'est moi qui souligne] *responsables d'avoir réduit de grandes civilisations à un ensemble de rites vides. Les vieilles forces de violence et de cupidité en l'homme, reconnaît-on*

aujourd'hui, ont simplement trouvé une nouvelle légitimité dans les doctrines du salut laïc, dans les idéologies du progrès, de la normalité et de l'hyper-virilité, ainsi que dans les théories de la croissance cumulative de la science et de la technologie[1]. »

Il va sans dire que notre militante tient, elle aussi, à son diagnostic sociologique :

« J'ai souvent entendu cette phrase : "l'immigré est une chance pour la France", prononcée par des humanistes qui, face à l'extrême droite, tentent de démontrer – assez futilement – l'utilité de l'immigré. Cette "utilité" est économique le plus souvent. L'immigré paie ses impôts, consomme en France et crée des richesses. Vraiment ? Et s'il avait une autre utilité ? Celle, par exemple, de transporter avec lui et de conserver la mémoire des sociétés solidaires, où la conscience collective est forte et où chacun se sent responsable du groupe. Celle de résister à l'atomisation de la société, à l'individualisme forcené. Celle de protéger l'individu contre la vie nue, en lieu et place du "chacun pour soi". On aura tout dit de l'islam et du "communautarisme", sauf cette évidence aveuglante qui en est pourtant le fondement. Nos sages ne disaient-ils pas : "Que Dieu nous préserve du mot je" ? »

On chercherait en vain dans cette lecture de l'atomisme social la moindre idée, le moindre concept, la moindre inflexion qui n'ait été mille fois modulé par des philosophes

1. Ashis Nandy, *L'Ennemi intime. Perte de soi et retour à soi sous le colonialisme*, 2007.

« blancs ». La seule originalité tient à sa conclusion : *supprimons le mot « je »*. Quand on veut rabaisser les hommes sous le regard bienveillant d'Allah, il est bien clair que ce mot-là a quelque chose de superfétatoire.

Il reste que l'auteur n'est pas la seule à se plaindre de sa condition. "*Avant tout, je suis une victime*", nous apprend Mme Bouteldja, horrifiée par les ravages du colonialisme américain. Mais il faut croire que le dieu de l'ironie, qui veille sur cette séquence historique avec un soin particulier, a encore frappé. Même si l'hypothèse met à mal son système binaire, l'auteur aurait quelque mauvaise grâce à ne pas reconnaître chez les *woke* américains, par exemple, les traits qui caractérisent sa non-blanchité : même passion spontanée pour les victimes, même attachement à son statut et à sa parole (car la victime, c'est bien connu, ne ment pas), même allégeance aux lois sévères du collectif et de la sororité, même effroi puritain face à l'impiété collective, même illusion touchant de l'amour (le contraire de la haine), même incapacité à penser quoi que ce soit d'approchant à ce que Freud nommait *l'ambivalence*, et, pour finir, même conception *persécutrice* de la domination. Comment expliquer une telle convergence ?

Les néoféministes américaines entendent également en finir avec la domination de l'homme blanc, et il n'est pas anodin de noter que cette doctrine du salut fonctionne, tout comme le système décrit précédemment, sur un mode binaire : aux hommes la propriété exclusive de dominer les autres ; aux femmes la propriété salvatrice de nous libérer d'un tel joug. Comme toutes les idéologies bien intentionnées, le manichéisme sexuel est placé sous le signe de la « libération de la parole », mais, par une sorte de renversement ironique qui paraît intrinsèque au progressisme, cette libération accouche exactement de son contraire : jamais la « parole » des victimes n'aura été aussi formatée, jamais les confessions n'auront été aussi prévisibles, jamais les femmes n'auront eu aussi peur d'exposer leurs propres contradictions. L'ordre patriarcal était faussement inclusif : il permettait d'exclure toute une série de personnes, réifiées en catégories sociales, sans le dire. Le nouvel ordre moral n'est pas moins terrifiant, mais il a simplifié la procédure et ne fait pas mystère de ses ennemis : il suffit de pointer l'adversaire du doigt et de le traiter de raciste. Agis toujours de telle manière que ton adversaire passe pour un monstre aux yeux des autres : tel est l'impératif kantien de ces nouveaux militants.

Nous avons coutume de parler d'intersectionnalité pour désigner le point de rencontre entre des oppressions multiples affectant les individus discriminés sexuellement ou racialement, oppressions que l'universalisme républicain rendrait invisibles, mais cette approche est une présentation d'universitaires[1]. Si intersectionnalité il y a, celle-ci ne se joue pas entre tous les damnés de la terre, mais entre les « racisés » de combat et les universitaires américains (qu'on ne confondra pas avec lesdits damnés). Cette jointure militante explique sans doute pourquoi le discours victimaire est devenu hégémonique en France après l'avoir été aux États-Unis. Un tel discours contribue à forger un chantage spécifique qui n'est pas un simple « dommage collatéral ». Loin d'échapper aux effets de domination du seul fait qu'il s'oppose au racisme (pas davantage que l'Union soviétique n'échappait à sa propre violence du seul fait de s'opposer au capitalisme), le discours victimaire génère une violence *sui generis* dont nous sommes encore très loin d'avoir fait le tour.

La saga du Smith College illustre ce point de manière très intéressante. Le 31 juillet 2018, dans un collège huppé du Massachusetts, une étudiante accusa deux employés du plus grand de tous les crimes : celui de racisme. De fait, le post Facebook de la jeune étudiante déclencha une véritable *moral panic* au sein de la direction – avant qu'une enquête interne

---

1. Issue du vocabulaire juridique, la notion d'intersectionnalité a été principalement forgée par une universitaire américaine, Kimberlé Crenshaw. Le sentiment d'avoir inventé le fil à couper le beurre, très prégnant chez les militants « décoloniaux » comme Rokhaya Diallo, ne doit pas occulter la qualité de la recherche française sur le colonialisme, recherche qui n'a pas attendu l'apparition de telles *studies* pour se pencher sur la question. Sur ce point : Pierre Vidal-Naquet, Gilbert Meynier, « Coloniser exterminer : de vérités bonnes à dire à l'art de la simplification idéologique », *Esprit*, 2005.

ne révèle que l'accusation de racisme ne reposait sur rien. Est-il nécessaire de préciser que l'assassinat de Samuel Paty est la version maximaliste d'un tel chantage ? Accuser une administration tout en se posant en victime d'une discrimination institutionnalisée : n'est-ce pas très exactement le *petit jeu* auquel se livreront les maîtres chanteurs du Bois d'Aulne ? La question n'est pas de savoir si les victimes disent la vérité, ni d'enregistrer la panique morale que la simple accusation de racisme entraîne au niveau des « dominants », la question est de comprendre pourquoi le discours victimaire prend la forme d'un chantage.

J'ai souligné la pression que les victimes supposées de Samuel Paty ont cru devoir exercer sur le collège, et il est étrange que ce mot lui-même n'apparaisse jamais dans le rapport officiel. Tout aussi fatale est l'attitude inverse, celle qui consiste à penser que, puisque ce chantage est aussi grotesque et aussi primaire, il ne jouera aucun rôle dans l'Histoire. On prendra ce chantage de haut, et on aura bien tort, car il a triomphé partout où il s'est exercé.

31
Perdre une bataille, gagner la guerre

« *They lost the battle, but they won the war* », écrit Kenan Malik au sujet de l'affaire Rushdie : certes, l'éditeur de Salman Rushdie n'a pas reculé face aux menaces physiques, mais la liberté d'expression s'est considérablement réduite depuis lors. Gageons que l'attentat de Conflans-Sainte-Honorine aura exactement le même effet en France, celui de réduire drastiquement la part des enseignants assez fous ou assez courageux pour expliquer et contextualiser les caricatures de *Charlie Hebdo*. Il est toujours possible de cantonner l'islamisme à l'action spectaculaire de quelques individus radicalisés, mais l'autocensure des enseignants, elle, ne se voit pas – terreur discrète dont les intellectuels accommodants se garderont bien de mesurer l'ampleur, si ce n'est par l'entremise d'un sondage effaré auquel il ne sera donné qu'une suite imprécise et confuse[1].

« People have been murdered over cartoons. End of moral analysis » – « Des gens ont été assassinés pour des dessins – fin de l'analyse morale », écrira le philosophe Sam Harris après les attentats de *Charlie Hebdo*, comme pour clore le débat. Mais le débat s'est poursuivi, il n'a jamais pris fin, et c'est à peine si les termes ont changé : a-t-on raison d'offenser des croyants ? Cette attitude est-elle irresponsable ? Doit-on « apaiser » la colère religieuse et, si oui, à quel prix ?

Je me souviens qu'en 2005, alors que l'affaire des caricatures danoises jetait des milliers de croyants dans les rues,

1. En décembre 2020, une enquête de l'Ifop révélera que près d'un professeur sur deux préfère s'autocensurer plutôt que d'avoir à gérer ce que *Le Figaro* nommera pudiquement un « incident ». Un deuxième sondage de l'Ifop viendra confirmer, trois mois plus tard, le choix de la population lycéenne : celle-ci est désormais majoritairement défavorable au droit de blasphémer *« à la manière d'un journal satirique comme* Charlie Hebdo *»*. Plus encore que ce résultat en lui-même, la surprise viendra du ton neutre adopté par l'institut de sondage. Majoritairement favorables au port du voile dans les lycées, les jeunes auraient opté pour une vision « dépolitisée » du problème – ce qui, de tous les termes qu'il m'ait été donné de rencontrer au cours de mon enquête, est sans doute le plus extraordinaire. En quoi cette vision de la laïcité est-elle « dépolitisée » ? En quoi la position des dessinateurs de *Charlie Hebdo* est-elle spécialement « fermée » ? Sur l'air des pseudo-évidences propre à l'expertise sondagière et avec un sens de l'inversion lexical digne d'Orwell, la conception a-religieuse de la laïcité sera rangée au magasin des accessoires et le retour du délit de blasphème sera rebaptisé, je cite, de *« conception ouverte »*.

un débat tragi-comique opposa Christopher Hitchens à un représentant du Muslim Public Affairs Council[1]. L'idée centrale dudit représentant – l'idée que les individus auraient été offensés collectivement, idée que l'on retrouve, chose curieuse, dans l'approche de l'inspecteur R. – ne résiste pas à l'analyse historique. Cette impression d'unanimité a été forgée de toutes pièces pour des raisons géopolitiques précises, et il n'en va pas différemment du premier acte de cette tragédie, la fatwa lancée contre l'auteur des *Versets sataniques* par l'ayatollah Khomeini. La campagne est née d'un parti fondamentaliste d'origine indienne, Jamaat-e-Islami, après que ce dernier s'est senti visé par un roman de Salman Rushdie nommé, et ce n'est pas un hasard, *Shame*.

Pourquoi l'appel au meurtre ou le massacre d'un enseignant ne suffisent-ils pas à disqualifier une cause, aussi populaire soit-elle ? Comment les sociétés ouvertes peuvent-elles céder le pas devant des forces aussi ostensiblement antidémocratiques ? Pour ce faire, il faut qu'un artefact – le respect – joue le rôle d'intercesseur et qu'un ensemble de textes fasse office de philosophie politique. J'ai longtemps pensé devoir intituler cette séquence « le syndrome de Stockholm », mais cette

1. Comique, parce qu'il est amusant qu'un système de pensée qui repose sur la distinction discrétionnaire entre les fidèles et les mécréants se mette à donner des leçons aux autres en matière de lutte contre les discriminations. Tragique, parce que ce genre de contradiction passe désormais inaperçu, chaque locuteur exprimant désormais son « point de vue » dans un espace apparemment rationnel.

explication psychologique reste très en deçà du problème. Un tel syndrome ne rend pas compte du caractère positif – pour ne pas dire festif et joyeux – que les militants assignent à leurs propres projections. Par définition, la philosophie de départ aura toutes les apparences d'une *bonne* projection, et tel est bien le cas de ce collectivisme d'un genre nouveau auquel nous croyons devoir payer notre tribut (sous peine de passer nous-mêmes pour des monstres), et dont l'idée de base se présente ainsi : respecter l'individu, c'est respecter son groupe d'appartenance. Respecter un individu noir, c'est respecter la communauté noire, respecter un individu gay, c'est respecter la communauté gay, respecter un *queer*, c'est respecter la communauté *queer*, respecter un musulman, c'est respecter la communauté musulmane... non seulement la déclinaison est infinie, mais la transition paraît *naturelle*. Si l'on ajoute à cette conception du respect une critique radicale du colonialisme, on obtiendra la plateforme idéale depuis laquelle lancer des attaques apparemment libératrices contre l'oppression occidentale.

Tout donner au citoyen, rien aux communautés : tel est le principe *inverse* sur lequel repose la conception française de la laïcité. Il était donc fatal que la critique de l'oppression prenne la forme, en France, d'une déconstruction de l'universel « abstrait » (par opposition à l'universel concret des communautaristes, qui paraît beaucoup plus « ancré », ou réaliste). La critique de l'Universel présente tous les signes extérieurs d'une lutte *décoloniale* en bonne et due forme, mais elle ne doit pas nous mener à minorer sociologiquement son résultat – à savoir que les individus sont de plus en plus enfermés, aujourd'hui, dans leur case raciale ou identitaire[1].

Les contempteurs de l'universel « abstrait » aiment à souligner le lien imaginaire qui relie les Français « de souche » à leur nation, mais il y a lieu de se demander si le lien qui relie l'individu à sa communauté « d'origine » ne serait pas, par hasard, tout aussi factice. Il est vrai que cette contradiction importe peu aux entrepreneurs religieux, trop heureux de trouver dans cette idéologie qui commande de fondre l'individu dans le groupe une philosophie politique sur mesure.

De même que le victimisme arrange très bien les islamistes, on ne voit pas très bien comment un mouvement religieux qui rêve de ramener la communauté musulmane à sa pureté originelle ne trouverait pas dans le multiculturalisme un terreau idéologique extraordinairement favorable. Et c'est bien là où le concours prêté aux communautaristes (souvent

1. Comment un Noir pourrait-il se rattacher à sa communauté d'appartenance – si ce n'est sur des critères raciaux ? C'est tout le problème de l'antiracisme racialiste. Sur cette contradiction : Kenan Malik, *Multiculturalism and its Discontents*, 2013, p. 27. La lutte contre le racisme nécessite qu'un universel préside à la communauté politique : par exemple, l'égalité de tous devant la loi. Cet universel est, à la vérité, beaucoup moins « abstrait » qu'il n'y paraît. Sa critique « radicale » contraint les communautaristes à chercher l'universel ailleurs, et c'est ici que Dieu reprend du service. Il va sans dire que mon propos n'est pas de nier ou de légitimer l'existence du racisme, mais d'étudier cette transition fallacieuse.

au nom des meilleurs sentiments du monde) dévoile toute son ambiguïté. Sauf à pousser la naïveté intellectuelle à un degré encore jamais atteint depuis que la lutte contre l'universel sert de cache-sexe philosophique aux idéologies totalitaires, il est bien clair que l'éloge de la diversité par les islamistes n'est pas le fruit du hasard. Et ainsi en va-t-il de la tolérance, cette vertu que bien des anti-*Charlie* sont heureux de porter en bandoulière aujourd'hui, et qui permet à des antiracistes supposés de défiler à la mémoire de Samuel Paty tout en finissant le travail de l'assassin au niveau « idéologique[1] ».

---

1. La notion de totalitarisme fait parfois l'objet de contestations académiques, mais il suffit de se plonger dans les œuvres du fondateur des Frères musulmans, Hassan al-Banna, pour en avoir le cœur net. (Rappelons que l'organisation constitue la principale matrice idéologique de ce que nous nommons, en Europe, « terrorisme ».) Aux principes « Allah est notre but, le Coran notre constitution, le Prophète notre guide, le djihad notre voie, le sacrifice pour Allah notre but suprême », nous pouvons faire correspondre les traits suivants : rejet de la démocratie et des partis, primat de la totalité sur l'individu, principe d'obéissance étendu à tous les aspects de la vie, réorganisation de tous les savoirs autour de ce que dit et pense le Guide, rééducation des individus « à la base », neutralisation ou liquidation des dissidents au titre de « traîtres », suprématisme moral de l'*oumma* qui ne reconnaît aucune limite géographique assignable. Non seulement ces traits sont d'essence totalitaire, mais ils s'emboîtent les uns dans les autres avec une très grande cohérence. Si les islamistes insistent autant sur le colonialisme européen, c'est bien pour détourner l'attention de ce totalitarisme-là. Les chercheurs ont trouvé plusieurs moyens pour minimiser le problème : en établissant des nuances spécieuses autour de la notion de « radicalisation », ou bien en rappelant, ce qui semble rassurer tout le monde, que l'islamisme ne touche qu'une infime minorité de croyants. Mais la question consiste justement à observer comment une minorité façonne une majorité, et cette reconfiguration comportementale concerne aussi bien les non-croyants. *« To be corrupted by totalitarianism,* rappelait justement Orwell, *you don't have to live in a totalitarian country. »* (« Pour être corrompu par

Tolérance, respect, choix individuel : comme l'a noté Hannah Arendt dans *Les Origines du totalitarisme*, le chantage ne serait pas un chantage s'il n'empruntait à l'ennemi ses propres valeurs, et c'est pourquoi les islamistes s'appliquent à singer méthodiquement les valeurs clés de la démocratie pour mieux soumettre l'ennemi au dogme de départ. *Le port de la tolérance intégrale* permet de justifier ce que l'on veut, depuis le burkini jusqu'à la charia, et d'autant plus « spontanément » qu'il semble entrer en parfaite harmonie avec cette valeur suprêmement occidentale : l'individualisme, autrement dit le droit laissé à chacun de faire ce qu'il lui plaît. Ce point est bien illustré par la liberté de conscience. Alors que, pour nous, la liberté de conscience signifie « je peux croire ou ne pas croire, c'est à moi d'en décider, personne ne peut me contraindre dans un sens ou dans un autre », la liberté de conscience, pour un islamiste, signifie « personne ne m'empêchera de suivre la charia, *si je veux* ». Le raisonnement paraît identique, à ceci près que la charia n'a pas vocation à rester un choix éthique personnel et que la soumission des uns, en démocratie, menace la liberté de tous les autres[1].

---

le totalitarisme, il n'est pas nécessaire de vivre dans un pays totalitaire. ») (*The Prevention of Literature*, 1946.)

1. Pierre-François Mansour propose de résumer le passage de l'antiracisme universaliste à l'antiracisme « décolonial » par le passage du slogan « Touche pas à mon pote » au slogan « Touche pas à mon foulard ». Dans cette optique, le raciste n'est plus celui qui s'en prend à un individu, mais celui qui interroge la signification politique du foulard. Cf. Mansour, « La question décoloniale et l'islamisme », in Bernard Rougier, *Les Territoires conquis de l'islamisme* (2020).

En Europe, un tel combat se passe très bien d'armée au sens conventionnel du terme, en quoi il ne ressemble pas du tout à ces deux mouvements révolutionnaires qui lui auront servi d'alliés au cours des années 1930 et 1940 : le fascisme et l'hitlérisme. L'accent est mis sur le noyautage idéologique et sur l'affaiblissement des démocraties en interne, ce qui commande d'appuyer toutes les théories à la mode, du moment qu'elles affaiblissent la laïcité. Non que l'islamisme n'ait, en soi, une vocation révolutionnaire. Dans son ouvrage fondamental, *À l'ombre du Coran*, Sayyid Qutb assigne à l'islam la tâche de réenchanter le monde, un monde corrompu par l'athéisme et les valeurs, à ses yeux tout aussi critiquables – culture du doute, autonomie de la raison, scepticisme –, propres à l'Occident[1]. Dire que l'islam a une vocation « révolutionnaire », et dire que les islamistes veulent mettre un terme à la séparation de l'Église et de l'État, c'est exactement la même chose. On peut formuler cette équation à l'envers en relisant les courriels échangés lors de la semaine fatidique qui a retenu notre attention. Lorsque Samuel Paty écrit à ses collègues *« je suis la cible des islamistes »* ou *« la République*

1. De toutes les formes de dégénérescence prêtées à l'Occident, le scepticisme est certainement la plus révélatrice. Nous avons pour coutume de définir l'islamisme ainsi : volonté de faire d'un corpus religieux datant du VIIe siècle le cadre politique, moral et comportemental d'une société donnée, mais il importe de souligner le rapport imaginaire qui relie les acteurs à ce cadre. Nul ne sait comment les musulmans pratiquaient leur religion au VIIe siècle, et il est à craindre que le formalisme des intégristes ne soit là que pour dissimuler la même ignorance de fond.

ne connaît pas le blasphème », il dit exactement ceci : je suis la cible des islamistes parce que je ne reconnais pas le délit de blasphème. Sayyid Qutb plaçait la France dans le groupe de tête des nations mécréantes, et il n'est pas difficile de comprendre pourquoi.

Ce bref rappel historique me paraît indispensable pour caractériser la faute de l'enseignant français. *« Comment un homme peut-il être coupable ? »* s'interroge calmement Joseph K. avant que le procès ne prenne une tournure dramatique et que la mort ne vienne trancher la question. Même si la culture du « respect » n'apporte que des réponses partielles à cette question fondamentale, une telle culture nous permet de mieux apprendre l'accusation faite à l'enseignant : *« sans vouloir froisser qui que ce soit... il s'est avéré qu'il a tout de même froissé »*, accusation aussi absurde que chargée idéologiquement – aussi légère que fatale.

Slavoj Zizek proposait de faire de la confrontation franche et virile la marque de l'estime authentique, comme pour contrer l'idée que le respect consiste à marcher sur des œufs en prenant soin de ne choquer personne. Mais le bourgeois moyen occidental la trouve excellente, et ce qui est vrai du bourgeois moyen l'est également de l'inspecteur R. Le consensus victimaire a donc remporté la partie, mais il n'a pas gagné parce que l'*amour révolutionnaire* aurait triomphé des injustices sociales ou parce que le capitalisme aurait surmonté des contradictions, mais parce que des bourgeois américains et des islamistes en quête de « reconnaissance » s'entendent pour tuer la même chose au même moment. La culture du respect est à la nervure de deux systèmes idéologiques que tout oppose en théorie, et que tout réunit dans les faits.

32
Tartuffe commente l'attentat

J'écris ce rapport alors que le sort juridique d'Abdelhakim Sefrioui – interpellé le 17 octobre 2020 et mis en examen le 21 – n'est pas tranché, de sorte que je ne pourrai pas couvrir ce volet adéquatement. Mais déjà sa défense se dessine : comment pourrait-on accuser notre « accompagnateur » de complicité, alors qu'il n'a eu aucun contact avec Anzorov, ni même cité le nom de la victime ? Sans doute est-ce l'occasion de distinguer fatwa formelle, activité islamique qui consiste à jeter un homme en pâture à une communauté d'assassins (communauté que l'on espère aussi large que possible), et fatwa informelle, laquelle s'arrange pour créer un *climat* meurtrier en se lavant les mains, et par avance, de ce qui pourrait bien arriver[1].

Or c'est justement ce climat qui, bien avant qu'Anzorov ne passe à l'action, a tué Samuel Paty. Samuel Paty n'est ni un saint, ni un martyr, ni un héros, il n'est pas mort *pour* la liberté d'expression. Il est mort *de* quelque chose ; et cette chose porte le nom d'une sorte de monstruosité théorique : l'antiracisme islamiste. L'antiracisme islamiste n'a pas été conçu pour lutter contre le racisme, et encore moins pour lutter contre le djihadisme, mais pour corriger les effets de l'islamisme par le victimisme. Empêcher que les musulmans ne se posent des questions, prévenir l'autocritique, conforter les masses dans leur propre nescience en reportant le crime sur le gouvernement français : tout cela demande du travail, et il faut bien que quelqu'un s'y attelle.

Le 19 novembre 2020, un islamologue de grand renom postera une vidéo dans laquelle ce dernier commence par déplorer l'assassinat de Samuel Paty, mais pour nous rappeler dans la seconde suivante à quel point les musulmans, en France, sont des victimes. Car enfin, quel spectacle offre la France à un prêcheur aussi exemplaire que Tariq Ramadan ? *« On voit des mosquées qui sont attaquées, on voit des actes de racisme antimusulmans*, observe notre prédicateur

1. Une fatwa est à l'origine un simple « conseil juridique ». J'emploie le terme dans le contexte meurtrier qui est le nôtre.

(lui-même grand antiraciste devant l'Éternel) avant de préciser que, si nous n'accordons pas à ses coreligionnaires tout ce qu'ils veulent, les choses pourraient très mal tourner. *Ce qu'aujourd'hui les musulmans vivent, il se pourrait que toute la population, demain, en paie le prix.* » C'est la version antiraciste des rivières de sang d'Enoch Powell, version dont Abdelhakim Sefrioui nous a donné un aperçu sous une forme balkanique. Et l'islamisme ? Quel islamisme ? Voilà un mot que Tariq Ramadan ose à peine prononcer, qu'il met d'ailleurs entre guillemets, à l'anglaise, *quote unquote*. L'assassinat de Samuel Paty met en lumière le racisme de l'État français, apprend-on, encore que la démonstration ne soit pas toujours facile à suivre. Certes, Abdelhakim Sefrioui est resté *plus de quarante minutes* dans le froid. Mais d'un autre côté, les acteurs n'auront cessé de témoigner de leur considération envers les élèves de confession musulmane. C'est certainement vrai de Samuel Paty lui-même. C'est certainement vrai de ses collègues, scandalisés que l'on puisse traiter les musulmans différemment. C'est même bizarrement vrai de la rumeur, très soucieuse d'antiracisme, elle aussi. Et c'est également vrai de l'inspecteur R., dépêché par la hiérarchie afin de recadrer la maladresse – ou plutôt *l'erreur* – de l'enseignant. C'est bien à tous les niveaux et de toutes les manières que les acteurs ont souhaité préserver la sensibilité des élèves de confession musulmane. Mais il faut croire que ces détails n'ont aucune importance – Tariq Ramadan préférant poser la question en ces termes : pourquoi l'État français hait-il à ce point les musulmans ? C'est drôle, observe ce dernier, toutes les fois qu'il est question de l'islam, le gouvernement se crispe. Oui, c'est drôle. Et pourquoi donc ? Ici notre brillant conférencier fouille le champ du possible, réfléchit très intensément, avant de proposer à son public cette explication lumineuse :

« Peut-être parce que tu luttes contre le racisme, peut-être parce que tu t'occupes de solidarité ? »

33
L'amour de loin

Batley est une petite ville anglaise située dans la partie ouest du Yorkshire. C'est là qu'un professeur sera exfiltré par la police après qu'une association, Purpose of Life, eut menacé l'enseignant de représailles pour avoir montré une caricature de *Charlie Hebdo* dans un cours sur la notion de blasphème. Les citoyens de ce pays doivent savoir que personne n'est en droit d'insulter le Prophète, dira l'un des manifestants, comme pour faire de cet incident un cas d'école valable dans tout le pays. Si les élèves prendront la défense de leur professeur[1],

---

1. *« No one was really shocked to be fair »* (« Pour être honnête, personne n'a été choqué »), précisera une élève présente lors de ce cours dispensé le 22 mars 2021.

l'administration optera pour une ligne de conduite qui aurait enchanté Abdelhakim Sefrioui : suspendre l'enseignant et présenter ses plus plates excuses à la communauté musulmane. On dira que, dans un pays « multiculturel », le traitement des « communautés » est toujours plus « sensible », mais de nombreux journalistes – de Tom Slater (*Spiked*) à Charles Moore (*The Daily Telegraph*) en passant par Matthew Parris (*The Times*) – jugeront cette reculade inadmissible. Peut-on menacer un professeur au nom du « respect » ? Est-il normal de laisser une association religieuse dicter le contenu d'un cours ? *« Nous savons désormais où tout ça peut conduire »*, résumera un éditorialiste.

De la fatwa iranienne à l'assassinat de Samuel Paty, un même chantage court à travers une myriade d'événements, encore que ce chantage perdra beaucoup de son évidence dans la chaleur des débats ultérieurs. Défendue par le président Macron sous la bannière de la liberté d'expression, cette nouvelle affaire des caricatures prendra rapidement les proportions d'un incident diplomatique, et même la forme d'un clash des civilisations qui n'aurait pas déplu à Samuel Huntington. Pourquoi offenser les musulmans ? Pourquoi attaquer des individus dans ce qu'ils ont de plus cher ? Pourquoi monter les êtres humains les uns contre les autres ? Il était bien normal que la Turquie, patrie du vivre ensemble, ou que le Koweït, très attaché aux droits de l'homme, ou que l'Arabie saoudite, dont la réputation en la matière est excellente, s'en indignent. À cette coalition des indignés viendra s'ajouter – conformément à l'alliance américaine décrite précédemment – la position du *New York Times*, lequel jugera plus urgent de critiquer le racisme antimusulman des autorités françaises que de se demander si, par hasard, cette vaste coalition du « respect » n'aurait pas un agenda particulier.

Puisque les croyants se sentent offensés, pourquoi ne pas retirer le matériel offensant ? Le raisonnement paraît limpide, mais il butera toujours sur cette question : de quels croyants parlez-vous ? On connaît l'explication qu'un intégriste opposerait à un musulman qui aurait la très mauvaise idée de ne pas condamner les caricatures du Prophète : *c'est parce que tu n'es pas un vrai musulman*. Mais qui, des deux, est le vrai musulman ? *« Je tiens à dire que je m'oppose à ces méthodes et que ces imbéciles ne me représentent pas »*, dira un musulman modéré au sujet du chantage à la Batley Grammar School. Mais un tel dissensus n'intéresse aucunement les maîtres chanteurs. Tous les fondamentalistes construisent un consensus imaginaire entre tous les croyants, illusion que les humanistes, pensant bien faire, reproduisent à leur tour. Et tel est bien le paradoxe auquel nous conduit cet amour de loin qui fait *abstraction* du chantage lui-même : on croit faire montre de respect envers une communauté tout entière – et l'on défend simplement, au sein de cette communauté, la loi du plus fort.

34
La Société des amis de la Science

Le lecteur se souvient du raisonnement que tenait le socialiste Paul Faure : et si Hitler avait raison ? Au lieu de condamner bêtement les nazis, pourquoi ne pas chercher à mieux comprendre leur colère ? N'est-il pas évident que les Sudètes sont injustement traités ? Pourquoi écouter un belliciste aussi irresponsable que Léon Blum – lui qui, au lieu d'apaiser la situation, jette de l'huile sur le feu ? Et que dire des capitalistes, ces industriels assoiffés de sang qui n'ont que le mot « guerre » à la bouche ? De même que l'antisémitisme de gauche est une réalité historique solidement attestée, ce mode de raisonnement est surtout développé par ceux-là mêmes qui entendent lutter pour la paix. C'est le paradoxe de base

– avec ce paradoxe supplémentaire que le déni est assuré par ceux-là mêmes qui sont censés comprendre le monde, à savoir les intellectuels.

Deux jours après l'attentat de Conflans-Sainte-Honorine, le ministre de l'Éducation mettra le feu aux poudres en France en prononçant un terrible gros mot : celui d'*islamo-gauchisme*. Il n'en fallait pas plus pour que les intellectuels visés ne poussent des cris d'orfraie à grand renfort de pétitions dans *Le Monde*, scandalisés que l'on puisse associer le monde de la recherche à celui de la violence. Notons à toutes fins utiles que les défenseurs autoproclamés de l'antiracisme, penseurs qui n'ont aucun mal à démontrer que, même lorsqu'ils ne sont pas racistes *intentionnellement*, les « Blancs » le sont *objectivement*, sont également les premiers à se récrier qu'un tel raisonnement puisse être appliqué à leurs propres travaux, comme si les collusions objectives n'avaient plus cours dans la sphère de l'antiracisme – *comme si les intentions, lorsqu'il s'agit des penseurs antiracistes eux-mêmes, étaient sacrées.*

Et ainsi en va-t-il de la seconde polémique déclenchée, quatre mois plus tard, par la ministre de l'Éducation supérieure après que cette dernière eut demandé au Centre national de la recherche scientifique de s'intéresser à la question d'un peu plus près. *« L'islamo-gauchisme n'est pas une réalité scientifique »*, tranchera la vénérable institution. Il n'est pourtant pas difficile de saisir l'alliance de l'islamisme et du décolonialisme *sur le fait*, pour peu que l'on descende de son Aventin et que l'on s'intéresse au crime de Conflans-Sainte-Honorine. Racisme systémique, victimisme, islamophobie : tous les arguments par l'accompagnateur sont de nature expressément décoloniale. Or ces arguments ont servi de base à la campagne anti-Paty. La transition de la pensée décoloniale à l'islamisme n'est pas un fantasme – cette jonction est, tout simplement, un fait.

On dira que tout cela n'a rien à voir avec la pensée décoloniale en tant que telle. Et, là encore, on choisira de se voiler la face. Dans son manifeste « révolutionnaire », Mme Bouteldja – une militante qui, précisons-le, est défendue par des personnalités comme Alain Gresh, François Burgat, Olivier La Cour Grandmaison, Rokhaya Diallo ou Ramon Grosfoguel – s'adresse aux « Occidentaux » en ces termes : *« l'exclusion est votre prérogative »*. Quelle différence avec le chantage des agresseurs : *pourquoi cherchez-vous à semer la discorde* ?

Il est certain qu'il est plus facile de s'en prendre à un ministre – ou de crier au maccarthysme – que d'observer sur quelle structure argumentative repose cet assassinat. Il est certain qu'il est plus facile de faire de l'islamo-gauchisme un fantasme de droite que de comprendre ce qu'un spécialiste comme Gilles Kepel appelle le « djihadisme d'atmosphère », cette menace diffuse qui n'attend qu'un soldat de Dieu pour se concrétiser – et dont l'assassinat de Samuel Paty est le parfait exemple[1].

Comme les journalistes, comme les rapporteurs, comme la rectrice elle-même, les pourfendeurs de « l'islamophobie » se diront horrifiés par cet assassinat, comme si l'assassinat de l'enseignant nous faisait basculer subitement dans le registre de l'incompréhensible. Non seulement cet acte incompréhensible d'Anzorov est beaucoup plus rationnel qu'il n'y paraît (quoi de plus rationnel que de donner quelque chose à Dieu pour obtenir un bien supérieur en retour ?), mais il s'accompagne toujours d'une justification : je tue ce mécréant, *parce que* cet homme est un chien de l'enfer. Or cette justification n'est pas simplement religieuse, elle peut aussi bien prendre une forme sociologique : je tue un innocent, *parce que* je suis opprimé. Cette procédure porte un nom : cela s'appelle rationaliser la violence, et c'est ici que la sociologie victimaire entre en scène[2].

---

1. *Le Prophète et la pandémie. Du Moyen-Orient au jihadisme d'atmosphère*, 2021, ouvrage dans lequel l'auteur consacre quelques pages précieuses à l'attentat de Conflans-Sainte-Honorine. Pour une analyse tactique : M. Sageman, *Leaderless Jihad*, 2008.

2. Pour un exemple concret de sociologie victimaire : *Second European Union Minorities and Discriminations Survey. Muslims – Selected findings*, FRA, European Agency for Fundamental Rights, 2017. Dans une perspective victimaire, le comportement de l'individu n'a aucune importance, seules comptent les caractéristiques de la société qu'il doit courageusement affronter. Il va sans dire que, dans ce genre d'enquête, le rôle du « ressenti » se taille la part du lion, encore que tous les ressentis ne se valent pas. Si le ressenti de la « victime » fait l'objet d'un traitement

Accusés de nier l'évidence pour ne pas avoir à étudier les implications de leur propre idéologie, les chercheurs se dépêcheront de nier toute unité conceptuelle à la théorie pointée du doigt. Le néophyte ne le sait peut-être pas, mais il y aurait autant de théories décoloniales que de chercheurs décoloniaux. Assez consistante pour obtenir la caution du CNRS, mais pas assez consistante pour pouvoir être unifiée à partir d'un certain nombre de propositions claires : avouons que la chose, pour une théorie scientifique, est assez pratique.

Un examen épistémologique précis nous entraînerait beaucoup trop loin, aussi me contenterai-je de rester à la surface en insistant une nouvelle fois sur la mine déconfite des intellectuels décoloniaux. Les intellectuels *horrifiés* sont dans la position du somnambule qui pointerait un pistolet chargé sur la tempe d'un individu et qui s'étonnerait, avec effroi, que le coup parte tout seul. Cette réaction a l'avantage de remettre à l'honneur une figure hégélienne oubliée : la Belle Âme. Mme Bouteldja nous en a fourni une belle illustration avec sa théorie de l'*imitation* : puisque les djihadistes ne font qu'imiter l'Occident – car, par définition, seul le dominant est violent –, elle aura toujours les mains propres. Et ainsi en va-t-il de nos vaillants chercheurs : puisque leurs travaux relèvent

nuancé, le ressenti des membres de la société d'accueil se réduit à des passions négatives (ignorance des coutumes étrangères, xénophobie, haine de l'autre).

de la science, comment l'assassinat barbare de Samuel Paty pourrait-il avoir le moindre rapport avec leur noble mission ?

Cette belle leçon de corporatisme appliqué a ceci de remarquable qu'elle est le fait d'intellectuels apparemment réalistes pour lesquels le savoir est toujours la marque d'un pouvoir. Mais peut-être cette vérité s'applique-t-elle aux savants d'antan, et non aux chercheurs actuels ? Du moins nous permet-elle de mieux comprendre l'idée que les amis de la science se font du courage intellectuel : travailler à l'érosion de l'universalisme, racialiser le débat intellectuel, faire de la France une puissance néocoloniale des plus insidieuses, et se replier derrière ses institutions toutes les fois que les choses tournent mal.

35
Les représentants

Si l'assassinat de Samuel Paty choquera la nation, l'art d'être choqué s'avère très différent suivant que l'on est un coiffeur, un universitaire ou un élu de la République. Le 1er novembre 2020, à Trappes, un professeur de philosophie prendra la parole afin de souligner les progrès de l'islamisme dans sa ville. N'écoutant que son courage qui ne lui demandait rien, le maire volera au secours des élèves, comme s'il y avait lieu d'opposer le professeur et sa classe. Croyant sans doute faire preuve de socialisme, l'élu prendra la défense des musulmans subitement et étrangement « stigmatisés », quitte à suspecter l'enseignant – Didier Lemaire – de racisme, quitte à réintroduire l'accusation infamante d'islamophobie, quitte à reproduire le scénario très exact qui a tué Samuel Paty. J'ai souligné le poids du corporatisme universitaire dans la fabrique spontanée du déni, mais le calcul politicien et l'électoralisme de bas étage ne sont pas, comme le professeur de philosophie s'en est rendu compte ce jour-là, des facteurs à négliger[1].

Il est certain que la République française n'en est plus à une contradiction près. Pour répartir les torts harmonieusement entre les différents partis, il faudrait sans doute évoquer le secret de Polichinelle qui consiste à flatter une association religieuse à des fins électoralistes ou, phénomène moins visible mais non moins capital, le financement d'associations communautaristes dans l'espoir d'acheter la paix sociale après que des émeutes de banlieue (je pense aux émeutes de 2005) ont jeté la classe politique dans le désarroi. En elles-mêmes, ces émeutes françaises n'ont rien de très original (songeons aux *inner city riots* qui ont défiguré le Royaume-Uni au cours des années 1980), pas davantage que le calcul douteux qui consiste à abandonner une banlieue à des associations communautaristes sous le fallacieux et peu républicain prétexte que seul un « jeune musulman » peut comprendre le malheur d'un « jeune musulman » – calcul que l'on peut d'ailleurs observer dans des pays de traditions politiques aussi différentes que l'Allemagne ou le Royaume-Uni.

1. Didier Lemaire, *Lettre d'un hussard de la République*, 2021.

Précisons que le communautarisme n'est pas le fait de militants isolés, mais le produit d'un partenariat en bonne et due forme qui met en présence des gouvernants (tantôt de droite, tantôt de gauche) soucieux de se débarrasser d'un problème pour ainsi dire « technique », et des associations identitaires ou religieuses, trop heureuses de récupérer ce problème afin de constituer ce que l'on appellera, en France, un « territoire perdu ».

Précisons à toutes fins utiles que les associations n'ont pas plus de légitimité démocratique pour représenter leur communauté que je n'en aurais moi-même si je décidais de monter sur un tonneau et que, pointant mon index vers le ciel, je me mettais à parler au nom des Blancs. *« Imagine if the council had set up a "White Forum" to represent the needs of the white community in Birmingham,* écrit à juste titre Kenan Malik[1]. *Could such a group have represented the interests of all white people in Birmingham ? »* Pourquoi ce qui serait perçu comme raciste dans un cas serait perçu comme non raciste dans l'autre ? On dira que le Blanc ne peut pas savoir ce que signifie être noir. La vérité est que l'antiracisme n'a rien à voir avec le fait d'appartenir à un camp miraculeusement préservé d'un tel *biais* – et que le fait de ramener un sujet politique

1. *Multiculturalism and its Discontents*, p. 60. « Imaginons que le conseil municipal de Birmingham ait mis en place un "Forum Blanc" afin de représenter les besoins de la communauté blanche. Un tel groupe aurait-il représenté l'intérêt de tous les blancs de la ville ? »

à sa couleur de peau s'appelle, quelle que soit la motivation du locuteur, du racisme.

« Moi, en tant que Blanc, la théorie décoloniale ne me gêne pas », dira un universitaire sur un plateau de télévision après que le débat sur l'islamo-gauchisme eut enflammé le monde des idées, croyant sans doute faire montre de tolérance et d'ouverture d'esprit. Et tel est bien l'effet induit par la ruine de l'universalisme : que tous les sujets politiques soient assignés à leur couleur de peau et à leur couleur de peau uniquement. Le Blanc ne peut pas savoir ce que signifie être noir : si cette approche était la bonne, on ne voit pas comment les Noirs pourraient dire quoi que ce soit de pertinent sur les Blancs et, par conséquent, lutter contre le racisme. Mais qu'importe : l'important est que les Blancs commencent leur phrase ainsi – « Moi, en tant que Blanc... » –, comme si les individus étaient censés penser, *en tant que Blanc*, quelque chose. La procédure n'est pas moins abusive lorsqu'elle s'applique aux « racisés » sous prétexte que *quelques* militants ont décidé, d'ailleurs à grand renfort de subventions publiques, d'accuser l'État de racisme.

Sapere aude – « ose savoir » –, se donnait pour maxime le siècle des Lumières. L'antiracisme postmoderne lui préfère de beaucoup l'intimation suivante : *tu ne peux pas savoir.* Tu ne peux pas savoir ce que signifie être noir à moins d'être noir, tu ne peux pas savoir ce que signifie être musulman à moins d'être musulman, tu ne peux pas savoir ce que cela signifie être une femme à moins d'être une femme. Si les expériences étaient intraduisibles les unes dans les autres, on ne voit pas comment un lecteur pourrait comprendre – à moins d'être demi-juif et gay – *À la recherche du temps perdu*. L'expérience littéraire est la négation même du projet communautariste et différentialiste, elle postule très exactement l'inverse : il n'est pas nécessaire d'appartenir à une communauté pour la comprendre, tous les individus peuvent se comprendre parce que personne n'appartient jamais, en fait, à sa propre communauté. Mais cette approche identitaire est essentielle aux entrepreneurs religieux comme elle est essentielle aux antiracistes de l'Unef[1], trop heureux de trouver dans le multiculturalisme l'illusion dont ils ont besoin pour mener à bien la destruction de la République « blanche » et « laïcarde » à laquelle certains Français, par racisme « inconscient », seraient attachés.

« On m'a d'abord appris que j'étais noir et maintenant j'apprends que je suis un musulman », écrit Hanif Kureishi dans *Something to Tell You* – bien qu'une version actualisée donnerait plutôt : et maintenant, j'apprends que je suis un « racisé ». Les militants aimeraient nous faire accroire que le racisé en question vit quelque chose d'unique, mais le jargon

1. Association étudiante favorable à la création d'ateliers non-mixes interdits aux hommes et aux Blancs. L'entreprise paraît logique, puisqu'un Blanc ne peut pas comprendre ce que vit un Noir ni un homme ce que vit une femme.

de l'authenticité ne vaut que ce que valent tous les jargons : encore faut-il que les racisés en question apprennent à penser en ces termes, et que, par un long processus d'apprentissage et de polissage politique, les individus finissent par s'identifier à ce mot. La Rochefoucauld remarquait la même chose sous une autre forme : il y a des gens qui n'auraient jamais été amoureux s'ils n'avaient jamais entendu parler d'amour – et ainsi en va-t-il de « la petite Z. » : il y a des gens qui n'auraient jamais eu l'idée d'être choqués s'ils n'avaient pas entendu parler de ce sentiment-là. J'ai utilisé le terme de « mensonge » pour qualifier le témoignage de l'élève qui n'était pas dans la classe, mais peut-être ce mensonge nous permet-il de toucher du doigt une vérité plus profonde : avant d'éprouver quelque chose, encore faut-il en avoir entendu parler.

Savoir comment les islamistes sont parvenus à « construire » des indignations est évidemment essentiel, mais il n'est pas du tout certain que cet examen soit dans l'intérêt des gens choqués, et moins encore dans celui des députés qui entendent parler en leur nom. J'en veux pour preuve le spectacle étonnant auquel le citoyen français sera convié après que le président de la République a décidé de promulguer une « loi contre le séparatisme » – loi dont la présentation aux Mureaux, le 2 octobre 2020, avait tant énervé les supporters de Brahim C. Comment renforcer les principes républicains contre le séparatisme islamiste ? La question paraît simple, et elle n'appelle que des mesures concrètes. Mais c'était sans compter les effets de l'antiracisme sur le personnel politique, laquelle posture, telle une mode vestimentaire, commande de se draper dans une toge d'innocence et de jeter sur l'adversaire un soupçon d'infamie[1].

Lutter contre l'entrisme salafiste et frériste au sein de l'Éducation nationale, empêcher que des fonctionnaires ne soient menacés ou que leur identité ne soit exposée sur la Toile : on peut discuter des modalités de telle ou telle mesure, mais non pas de leur bien-fondé. Or, plutôt que d'enrichir cet arsenal du mieux possible, des députés de *La France* apparemment *insoumise* – c'est toute l'ironie de la chose – préféreront se demander gravement si cette loi ne serait pas islamophobe[2]. On ne se demandera pas comment lutter ensemble contre l'islamisme, on se demandera si la loi contre le séparatisme n'est pas *stigmatisante et discriminatoire.* Non pas incomplète, inadaptée, inadéquate, insuffisante, mais bel et bien raciste[3].

---

1. L'usage tactique du terme « islamo-gauchisme » par la ministre de la Recherche est incontestable, mais comme la dénégation de l'islamo-gauchisme l'est tout autant, on en arrive simplement à la constitution d'un champ politique dans lequel chacun joue son « coup » afin de l'emporter sur le parti adverse – activité qui n'a qu'un rapport très lointain avec le fait de comprendre sur quelle logique repose l'assassinat de Samuel Paty. On dira qu'un député n'est pas là pour ça, et c'est bien le problème.

2. La France insoumise est un parti politique français, classé à gauche, fondé en 2016 par Jean-Luc Mélenchon.

3. *« S'il y a un séparatisme dangereux,* déclarera un député de la France insoumise sur les ondes de France Info le 19 septembre 2020, *il l'est lorsque des députés sortent d'une salle quand une jeune femme voilée vient à l'Assemblée nationale. »* Dit autrement : l'attitude des députés vis-à-vis du voile islamique est plus dangereuse que le

Hasard ou coïncidence, il se trouve que ce renversement des perspectives est la technique préférée des Frères musulmans. Et c'est ainsi que des élus continueront de brandir cet épouvantail – l'islamophobie – avec une fraîcheur idéologique inentamée. Et c'est ainsi que les demi-habiles de l'antiracisme se feront fort de répéter le mensonge préféré des islamistes – à savoir que le *vrai séparatisme* ne provient pas des islamistes, mais de la République elle-même.

Dans son étude sur le concept d'islamophobie[1], Philippe d'Iribarne écrit ceci : « *Les islamistes, Frères musulmans en tête, qui propagent le discours de l'islamophobie, ne sont pas des observateurs sans passion du monde social. Ils sont engagés dans un combat. Est en question ce que vont devenir les musulmans d'Occident. Vont-ils se fondre parmi les infidèles, renoncer à vivre dans une société régie par les préceptes de l'islam, en un mot trahir ? Ou vont-ils rester attachés à l'oumma, la communauté des croyants, construire un embryon de contre-société islamique*

---

séparatisme islamiste lui-même, lequel repose d'ailleurs sur ce que ce député appelle un « *fantasme* ».

1. Philippe d'Iribarne, *Islamophobie*, 2019. L'idée d'une aversion systématique envers les musulmans (« *Tout semble faire problème quand il est question d'islam en France* », dira M. Ramadan dans sa vidéo) ne résiste pas à l'analyse. Si les Français expriment une inquiétude que l'on est en droit de trouver rationnelle et légitime – et non pas phobique ou irrationnelle – envers les pratiques spécifiques qui remettent en cause la laïcité, ils restent très majoritairement indifférents à d'autres aspects de la religion musulmane – comme le ramadan –, même lorsque ces pratiques posent problème sur le lieu de travail. C'est cette vision nuancée que la thèse phobique entend effacer.

en espérant peut-être que l'Occident deviendra un jour musulman dans un accomplissement de l'épopée conquérante des pieux ancêtres ? Face à ce choix, l'image de musulmans subissant l'hostilité de sociétés islamophobes, qui les stigmatisent en paroles et les discriminent en actes, est une arme. Elle véhicule un message adressé aux musulmans : l'Occident est un empire du mal aveuglé de passions mauvaises ; quoi que vous fassiez, votre appartenance à l'islam vous marque d'un stigmate indélébile qui fait qu'il ne vous acceptera jamais comme membre à part entière ; la seule option honorable qui vous est offerte est de rejeter un monde qui vous rejette. »

C'est la question de fond – celle qui permet de tirer le fil rouge de toutes les impostures –, mais cette question disparaîtra dans le brouillard des oppositions partisanes. *« Je pensais vraiment qu'on serait tous d'accord »*, dira un jeune chanteur français après l'assassinat de l'enseignant ; mais c'était oublier qu'un opposant reste un opposant, surtout si cette opposition lui permet de placer tous les torts dans le camp adverse. C'est ainsi que le fondateur du parti susnommé jugera très important, après avoir accusé le gouvernement d'être à la source du mal, d'accuser la communauté tchétchène dans son ensemble, sans doute pour effacer l'historique de ses propres erreurs. La technique est assez grossière mais, puisqu'elle permet de passer pour un antiraciste aux yeux des autres et qu'elle est autorisée par la loi, on ne voit pas pourquoi le chef des Insoumis s'en priverait. Le déni trouvera dans l'opposition à Emmanuel Macron un dérivatif tout trouvé, et l'opportunité de démasquer la logique du meurtre disparaîtra sous les flonflons des « questions au gouvernement » – représentation oblige.

36
L'esprit du cours

Si le ministre de l'Éducation nationale attachera beaucoup d'importance à dénoncer les ravages de l'islamo-gauchisme, le ministre de l'Intérieur ne sera pas en reste. De même que le collectif pro-Hamas de Sefrioui, de nombreuses associations financées sur les deniers publics – dont le fameux Collectif contre l'islamophobie en France – se verront dissoutes, et un petit nombre de mosquées prônant ouvertement l'instauration d'un califat en France temporairement fermées. Quant aux représentants officiels du culte musulman, ils seront priés de bien vouloir réaffirmer symboliquement leur attachement aux *« principes républicains »*, comme si l'égalité homme/femme ou le droit de ne pas être inquiété par ses ex-coreligionnaires en matière d'apostasie était une grâce que les imams voulaient bien octroyer à la République en question[1].

L'hommage à Samuel Paty à la Sorbonne aura pris fin sur les *glissandi* subtiles de la *3e Symphonie en mi bémol majeur* de Mozart, et c'est avec une subtilité toute mozartienne que les représentants officiels du culte musulman, tout en condamnant les caricatures de *Charlie Hebdo*, dénonceront la violence *« sous toutes ses formes »*. Mais cette pose duplice ne répond que très imparfaitement à la question posée. On peut instrumentaliser le Coran par la violence, mais on peut également rétablir le délit de blasphème au nom de la paix – autrement dit, aboutir aux mêmes fins que le criminel, mais cette fois par la non-violence.

Conçue pour organiser le culte musulman sur des bases enfin républicaines, la « charte des principes » placera en tête de liste le rejet, par le Conseil français du culte musulman, de toute *« instrumentalisation de l'islam à des fins politiques »*. Cette déclaration de principes obtenue, le ministre

---

1. Voudrait-on définir l'antiracisme islamiste d'une phrase que le Collectif contre l'islamophobie en France, association française fondée en 2003 pour la plus grande joie militante des Indigènes de la République, nous en fournirait maintes occasions. Soit l'énoncé suivant : *« Elle était choquée car ses collègues l'avaient connue bien avant qu'elle ne porte le voile et elle ne pouvait pas croire qu'un morceau de tissu puisse avoir autant d'impact dans leur traitement envers elle »* (CCIF, Rapport 2017, p 58, cité par Ph. d'Iribarne, *op. cit.*, p. 89). Fausse naïveté, position victimaire, croyante *« choquée »*, réaction hostile et irrationnelle à ce qui n'est qu'un *« simple morceau de tissu »*, alors qu'il s'agit évidemment de réintroduire un ordre social fondé sur la « pudeur » des femmes : tout y est.

de l'Intérieur se félicitera, comme il se doit, de son action. Mais cette victoire souligne aussi les limites d'une discussion fondée non sur l'égalité de tous devant la loi, mais sur le terrain que les représentants du culte veulent bien *concéder*. Que les associations les plus enracinées dans l'islam radical ou la mouvance ouvertement antilaïque d'Erdogan soient les premières à craindre que l'État français ne se lance dans une croisade, à leurs yeux effrayante, contre les libertés *individuelles* nous donne une bonne idée du caractère farcesque d'une telle négociation. Il est vrai qu'elle permet de contextualiser l'étrange posture de l'institution scolaire vis-à-vis des parents d'élèves. Pourquoi reprocherait-on à l'Éducation nationale de vouloir jouer au pacificateur entre le professeur et les parents « choqués », alors que l'État, louvoyant sans le dire entre une conception républicaine et communautariste de la citoyenneté, instituera la même erreur aux sommets ? Les imams seraient-ils, du simple fait qu'ils croient en Dieu, en position de « négocier » leur adhésion aux valeurs de la République ?

« Comme pour ce cours sur la liberté de conscience qu'il préparait depuis juillet », dira Emmanuel Macron lors de la cérémonie funèbre, avant de souligner l'immense respect que Samuel Paty éprouvait envers la religion musulmane. Les représentants du culte utilisent, eux aussi, ce terme, mais il n'est pas du tout certain que ce dernier recouvre la même réalité dans l'un et l'autre cas. La conception laïque du respect est

conçue comme une propédeutique au savoir, la conception religieuse du respect est conçue pour placer l'individu sous la dépendance d'une caste religieuse qui détient, d'avance, toutes les réponses. L'une conduit à la quête personnelle de sens, l'autre conduit à la mainmise du clergé sur l'individu. Et c'est une nouvelle fois sur un *sentiment* – sentiment apparemment identique – que l'équivoque a lieu.

Offense is taken, not given – de sorte que demander à un laïc : « Pourquoi adoptez-vous un comportement aussi irresponsable alors que vous savez très bien que vous allez offenser les croyants ? », c'est remettre son propre comportement entre les mains des autorités religieuses – piège dans lequel Samuel Paty, lui, aura pris soin ne pas tomber. « *Il n'y a pas de blasphème, car la République est laïque* » : tel est du moins l'esprit – esprit à la fois respectueux et républicain – de son cours. Tous les intellectuels accommodants se dépêcheront de réduire la position des « laïcistes » à une forme désuète d'anticléricalisme, mais cette résistance pose une question beaucoup plus profonde que les ennemis de la laïcité française ne le laissent accroire. Contrairement à ce que suggère l'acception religieuse du respect, la vraie question laïque n'est pas : « Comment peut-on empêcher un croyant de faire ce qu'il veut ou de s'habiller comme il l'entend ? », mais : « Pourquoi devrait-on laisser à un prêtre le soin de définir ce qui est respectable chez un être humain ? Et puis, d'abord, qu'en sait-il lui-même ? »

37
Respect

« Comme si la honte devait lui survivre », écrit Kafka à la toute fin du roman – alors que la lame a déjà pénétré le corps et que Joseph K. est exécuté *« comme un chien »*. De toute évidence, le romancier entend quitter son lecteur sur une anomalie : la honte. La honte est, *a priori*, un sentiment *personnel*, et même profondément intime, alors qu'il traduit simplement ce que les représentants autoproclamés d'une communauté donnée ont décidé de regarder comme *irregardable* (tel cet *« homme tout nu »* auquel se référait, non sans épouvante, Brahim C.). Par quel mystère ce qui est interdit arbitrairement par des autorités religieuses serait-il regardé comme la propriété personnelle des individus ? N'est-il pas

évident que le *corps décent* est, au contraire, la propriété exclusive des gardiens du culte[1] ? C'est dire si le discours centré sur les individus se trompe d'objet. On croit respecter une *personne*, et l'on ne fait que respecter l'emprise de la communauté sur les corps, communauté dont l'individu ne saurait s'échapper *sans honte*. On comprend donc pourquoi les prêtres attachent une telle importance au respect, et pourquoi les assassins tuent volontiers en son nom.

---

1. « *J'appartiens à ma famille, à mon clan, à mon quartier, à ma race, à l'Algérie, à l'islam* », écrit Houria Bouteldja dans sa confession. Avant de préciser ceci : « *Mon corps ne m'appartient pas.* » Quoi de plus rigoureusement exact ?

38
Le carnet

Un professeur entre dans une classe afin de donner un cours. Il dépose un carnet à l'angle de la table, carnet dans lequel il conserve une liste de blagues. Il regarde sa classe, il se relève, il prend la parole. Il ne sait pas encore que, dans quelques minutes, une rumeur va faire de lui un islamophobe. Il ne sait pas que son fils sera fait, dans moins de trois mois, pupille de la nation. Il ne sait pas qu'un assassin attend son heure pour « faire le djihad en France » et, bien sûr, il ne sait pas que des élèves seront payés trois cent cinquante euros pour le montrer du doigt. Il pense que la situation se réduit à cela : de jeunes élèves plus ou moins distraits, plus ou moins endormis, auxquels il va falloir enseigner quelque chose ; et un enseignant qui garde par-devers lui – comme pour s'assurer de leur attention, et peut-être aussi, d'une certaine manière, de leur affection – une liste sans doute un peu dérisoire, et pourtant choisie avec soin, de plaisanteries.

MIXTE
Papier issu de sources responsables
FSC® C003309

Les papiers utilisés dans cet ouvrage
sont issus de forêts responsablement gérées.

Cet ouvrage a été achevé d'imprimer sur Roto-Page
par l'Imprimerie Floch à Mayenne en août 2021
N° d'édition : 7205 – N° d'impression : 98697
Imprimé en France